Heinrich von Kleist

Heinrich von Kleists politische Schriften

und andere Nachträge zu seinen Werken

Heinrich von Kleist

Heinrich von Kleists politische Schriften
und andere Nachträge zu seinen Werken

ISBN/EAN: 9783743659858

Hergestellt in Europa, USA, Kanada, Australien, Japan

Cover: Foto ©ninafisch / pixelio.de

Weitere Bücher finden Sie auf **www.hansebooks.com**

Heinrich von Kleist's

Politische Schriften

und

andere Nachträge zu seinen Werken.

Mit einer Einleitung

zum ersten Mal herausgegeben

von

Rudolf Köpke.

Berlin, 1862.
Verlag von A. Charisius.
Lüderitz'sche Buchhandlung.

Friedrich von Raumer

zur Feier

seines sechszigjährigen Amtsjubiläums

am 8. December 1861

in aufrichtiger Verehrung

gewidmet

von

dem Herausgeber.

Nur Wenigen ist es beschieden, den Lebenstag zu sehen, der Ihnen, hochverehrter Herr, heute festlich anbricht. Den Zeitraum eines halben Jahrhunderts in demselben Kreise durchschritten zu haben, ist kein alltäglicher Ruhm unter Menschen, dasselbe Zeitmaß in verschiedenen Kreisen des Wirkens zu erfüllen, ist dem Einzelnen noch seltener vergönnt; doch wo fünf reichen Jahrzehnten ein sechstes hinzugelegt wird, ist es unter den seltenen Festen das seltenste.

Ihnen hat das gegenwärtige Jahr nicht einen, sondern eine Reihe von Festtagen gebracht, die ein halbes Jahrhundert Ihres Wirkens in Wissenschaft und Lehramt abschließen, und vor wenigen Wochen noch mit dem goldenen Kranze des häuslichen Glücks gekrönt worden sind. Der heutige Tag vollendet Ihr sechszigstes Jahr im Dienste des Vaterlandes. Wer das in ungeschwächter Kraft des Geistes und Körpers erlebt, den möchte man versucht sein jenen Männern des Alterthums beizuzählen, die der hellenische Weise vor allen glücklich pries. Denn Glück ist die reine Entfaltung der eigenen Natur nach ihrem Gesetze, im Einklange zugleich mit dem großen Ganzen, dessen dienendes Glied zu sein der Einzelne bestimmt ist. Eine solche harmonische Verbindung ist das freie Geschenk höherer Macht, darum ist ein Tag wie der heutige ein Tag des Glückwunsches, das heißt der dankbaren Anerkennung menschlicher Lebens- und Entwicklungsfülle.

Sechszig Jahre, mehr als ein Drittheil unserer Preußischen Geschichte, überschauen Sie als Staatsmann, als Lehrer und Geschichtschreiber. Von sieben Königen haben Sie fünf erlebt und dreien treu gedient. Das Preußen Friedrichs des Großen, den tiefen Fall der alten Staatsformen haben Sie gesehen, und dem reformatorischen Gesetzgeber thatkräftig zur Seite gestanden, als er die Grundlagen des neuen Staates vorbereitete; Sie sind Zeuge gewesen der großen volksthümlichen Erhebung, haben Ihren Theil gehabt an den Zeiten innerer Ruhe und wissenschaftlichen Ruhms, und eine zweite tiefe Erschütterung überwinden helfen, um nochmals in eine neue Umgestaltung des öffentlichen Lebens einzutreten. Zu allen Zeiten haben Sie für Gesetz und volksthümliche Freiheit, für den König wie für das Vaterland, für Preußen wie für Deutschland als untrennbare Mächte, mit den Besten im Bunde, unermüdet und maßvoll gestritten, und die Unabhängigkeit des Urtheils und Charakters frei bewahrt.

Als Forscher und Geschichtschreiber haben Sie die Vergangenheit des deutschen Vaterlandes in umfassender Weise zuerst erschlossen, und die verschiedenen Zeitalter des mensch-

lichen Geschlechts durchmessen. So möchte ich Ihnen nach-
rühmen, was ein alter Schriftsteller von einem Geschichtschreiber seiner Zeit sagt, das schönste Loos sei es Schreibens-
würdiges gethan, Lesenswürdiges geschrieben zu haben. Mögen
Sie mir verstatten das auszusprechen, da Sie, obgleich nicht
selten verkannt, dennoch stets ein Verkleinerer Ihrer selbst
gewesen sind.

Als einen öffentlichen Ausdruck dieser Gesinnung, die ich
Ihnen längst im Herzen bewahre, bitte ich Sie die folgenden
Blätter betrachten und annehmen zu wollen. Ein Zeichen
sollen sie sein wissenschaftlicher Anerkennung, das ein jüngerer
Fachgenosse Ihnen darzubringen wünscht, rein menschlicher Hoch-
achtung und aufrichtiger Uebereinstimmung in den großen
Fragen des Lebens, und endlich des Dankes für die freund-
schaftliche Theilnahme, die Sie mir stets bewiesen haben.

Für diesen Zweck schienen mir diese Blätter vornehmlich geeignet. Denn sie sind ein Erbstück aus dem Nachlasse des großen Dichters, in dessen Verehrung und Liebe, wir, wie verschieden an Lebensalter und Stellung, einander zuerst freundschaftlich begegnet sind; ein bisher unbekannter Beitrag zu unserer nationalen Litteratur, der Sie, wie der Kunst, auch unter historischen Studien und politischen Kämpfen eine jugendfrische Neigung gewahrt haben; der Gesinnungsausdruck eines ebenso hochbegabten als unglücklichen Dichters, der wie Sie für die Wiedergeburt des Vaterlandes gestritten, den Sie selbst noch von Angesicht gekannt haben. Es irrt mich nicht, daß die Berührungen zwischen Ihnen, dem Staatsmanne, und dem Dichter nicht freundlicher Art gewesen sind. Persönlich unangenehme Erfahrungen haben Sie niemals gehindert gerecht zu sein, und Sie haben darum weder dem Menschen Ihre Theilnahme noch dem Dichter Ihre Anerkennung versagt. Die damals ausgesprochene Versöhnung wird heute zur historischen Sühne. Der Dichter ist nach schwerer Verirrung eingegangen in die Ehrenhalle unserer Litteratur; Sie haben seitdem fünfzig Jahre des reichsten Wirkens durchlebt, und stehen heute als gefeierter Greis voll seltener Jugendfrische und Theilnahme für Alles was die menschliche Brust bewegt, am Grabe des Dichters, der am Widerstreit des Lebens zu Grunde ging.

Und so wüßte ich Ihnen nur Eines noch zu wünschen, daß Ihnen die Fülle der Lebensgüter, die Sie besitzen, noch lange erhalten, und mir Ihre Freundschaft bewahrt bleiben möge.

Berlin, den 8. December 1861.

Rudolf Köpke.

Inhalt.

	Seite
Einleitung	1

I. Prosa.

1. Politische Satiren.

1. Brief eines rheinbündischen Officiers an seinen Freund . . .	63
2. Brief eines jungen märkischen Landfräuleins an ihren Onkel . .	64
3. Schreiben eines Burgemeisters in einer Festung an einen Unterbeamten	68
4. Brief eines politischen Pescherll über einen Nürnberger Zeitungsartikel	70
5. Die Bedingung des Gärtners. Eine Fabel	73
6. Lehrbuch der französischen Journalistik	74
7. Katechismus der Deutschen, abgefaßt nach dem Spanischen, zum Gebrauch für Kinder und Alte	82

2. Politische Aufrufe und Betrachtungen.

1. Einleitung zur Zeitschrift Germania	94
2. Aufruf	96
3. Was gilt es in diesem Kriege?	97
4. Einleitung zu den Berliner Abendblättern. Gebet des Zoroaster	100
5. Von der Ueberlegung. Eine Paradoxe	101
6. Betrachtungen über den Weltlauf	103

3. Erzählungen und Anekdoten.

1. Warnung gegen weibliche Jägerei 104
2. Die Heilung 107
3. Das Grab der Väter 110
4. Der Griffel Gottes 112
5. Muthwille des Himmels. Eine Anekdote 113
6. Anekdote aus dem letzten Kriege 114
7. Der Branntweinsäufer und die Berliner Glocken 115
8. Tages-Ereigniß 116
9. Der verlegene Magistrat. Eine Anekdote 117
10. Charité-Vorfall 118
11. Anekdote 119
12. Räthsel 120
13. Anekdote 120
14. Anekdote 121

4. Kunst und Theater.

1. Empfindungen vor Friedrich's Seelandschaft 123
2. Brief eines Mahlers an seinen Sohn 125
3. Brief eines jungen Dichters an einen jungen Mahler . . . 126
4. Theater. Den 2. October: Ton des Tages, Lustspiel von Voß 128
5. Unmaßgebliche Bemerkung 129
6. Schreiben aus Berlin, den 28. October 131
7. Die sieben kleinen Kinder 132
8. Von einem Kinde, das kindlicher Weise ein anderes Kind umbringt 133

5. Gemeinnütziges.

1. Allerneuester Erziehungsplan 136
2. Entwurf einer Bombenpost 145
3. Schreiben aus Berlin. 15. October 147
4. Aëronautik 149

Seite

II. In Versen.

1. Eine Legende nach Hans Sachs. Gleich und Ungleich 153
2. Eine Legende nach Hans Sachs. Der Welt Lauf 156
3. Epigramme:
    1. Auf einen Denuncianten. Räthsel 160
    2. Wer ist der Aermste? 160
    3. Der witzige Tischgesellschafter 160
    4. An die Verfasser schlechter Epigramme 160
    5. Nothwehr 160
Anmerkungen 161

Einleitung.

I.

Wehe, mein Vaterland, dir! Die Leier zum
   Ruhm dir zu schlagen,
Ist, getreu dir im Schooß, mir, deinem Dichter,
   verwehrt,

schrieb Heinrich von Kleist auf das Titelblatt seines vaterländischen Dramas die Hermannsschlacht, als er es im Jahre 1808 vollendet hatte. Es war eine Grabschrift, die er dem Vaterlande, seiner Dichtung, sich selbst setzte, und in finsterm Haß sich in das Schweigen der Hoffnungslosigkeit zu vergraben, schien der letzte Trost, den das Leben ihm noch nicht geraubt hatte. Voll Liebe zum Vaterlande will er ihm zum Ruhme singen, aber in der Gegenwart sieht er es schmachbedeckt in den Staub getreten; er wendet den Blick rückwärts, der ruhmvollen Vergangenheit entlehnt er den Stoff seiner Dichtung, im Sturme will er sein Volk mit sich fortreißen, aber die Hörer verschließen ihm das Ohr. Für die Enkel ist es gefährlich geworden, dem Heldenliede von den Thaten der Ahnen zu horchen, der Sänger schließt sein „letztes Lied", „er wünscht mit ihm zu enden, und legt die Leier thränend aus den Händen!"¹ Keine Bühne will sich seinem vaterländischen Schau=

spiel öffnen. Zurückgewiesen von den Seinen verschließt er einsam den Schmerz und das Elend des eigenen Lebens, die Schmach und den Gram Deutschlands in jene Worte, die zur schwer lastenden Anklage eines selbstvergessenen Volks werden.

Dennoch nennt sich Kleist den Dichter seines Vaterlandes; getreu bleibt er ihm im Schooß, während viele andere, denen es Macht, Ehre, Ruhm gegeben hatte, untreu geworden waren, es durch That, Wort oder verzagtes Schweigen verrathen hatten. Nicht Fürsten und Volksstämme, Generale und Staatsmänner allein, auch Männer der Wissenschaft und Dichter hatten das gethan. In das Unendliche hatte sich die Wissenschaft versenkt und die Welt durchmessen, das Vaterland, in dem sie aufgewachsen war, blieb ihr fast fremd; in Griechenland und Rom lebte die Dichtung, in Deutschland nicht. Weder die eine noch die andere ahnte das Verderben, das sich heranwälzte, bestürzt hatten sie geschwiegen, als es hereinbrach, oder den fremden Gewalthaber als den Vollzieher des Weltgeschicks wohl gar bewundert und gepriesen. Kleist wollte nichts als sein Deutschland, sein oft geschmähtes Brandenburg, ob auch hier „die Künstlerin Natur bei der Arbeit eingeschlummert", ob es auch gerade jetzt doppelt arm und öde sein mochte; er wollte es, weil es das Vaterland war." Aus ihm sprach die Stimme des lang eingeschläferten Gewissens, das laut mahnte, dem Zwiespalt zwischen Weltbürgerthum und Volksfim, Staat und Vaterland, Wissenschaft und Leben ein Ende zu machen, und die tiefsten Kräfte zum Kampfe aufzurufen. Jene Verse, wie sein Drama, waren ein erster erschütternder Ausdruck der Wiedervereinigung der Dichtung mit dem Vaterlande, und darum lassen sie selbst in der Hoffnungslosigkeit die Rettung ahnen; es liegt in ihnen der Wendepunkt des deutschen Lebens. Denn anders mußte es werden, sobald diese Ueberzeugung allgemein ward; selbst die höchsten Güter der Menschheit, denen man so lange nachgetrachtet hatte, verloren ihre bildende und heiligende Kraft, wenn sie durch den volksthümlichen Muth nicht mehr geschirmt wurden. Es brach die Zeit an, wo Schleiermacher und Fichte Volksredner waren, Arndt durch Lied und That wirkte und ein jüngeres Dichtergeschlecht heraufwuchs, das nicht mehr classisch, sondern vaterländisch sein wollte, selbst zum Schwerte griff und kämpfend fiel, wie Körner, oder das Glück der Sieger beneidend, den Sieg feierte, wie Schenkendorf und Rückert.

Nicht so glücklich war Kleist; in die Mitte gestellt, zwischen die schonungslose Uebermacht der Gegenwart und die zweifelhafte Zukunft, hat er weder den Kampf noch den Sieg erlebt, und gleichgültig haben sich seine Zeitgenossen von ihm abgewandt. Den Weltklugen zu mystisch, den Frommen zu ruchlos, den Politikern zu unpraktisch, den Zahmen zu wild, dem Meister der Kunst zu roh und formlos, fand er bei seinem Leben nur wenige Freunde, und als der widerwärtige Streit über seinem Grabe verstummt war, ward er im Toben des Volkskampfes, den er erwecken wollte, fast vergessen, und die Kränze, nach denen er gegeizt hatte, wurden andern zu Theil.

Gewiß war er als Mensch weder im Leben noch im Tode frei von schwerer Schuld, aber so oft dies auch gesagt worden ist, dem Dichter ist die folgende Zeit langer Ruhe kaum gerecht, geschweige denn günstig, geworden. Zehn Jahr später hat ihn Tieck in das Gedächtniß des genießenden

Geschlechtes, dem die starke, männliche Dichtweise unbequem geworden war, zurückgerufen. Ihm, seiner reinen Anerkennung verdankt man es, wenn Kleist's Stelle in der Litteraturgeschichte gesichert ist. Auch das ist langsam und zögernd geschehen. In fünfzig Jahren sind nur zwei Gesammtausgaben erschienen, und zwischen beiden liegt ein Menschenalter. Nicht ohne Mühe haben sich drei seiner Dramen auf der Bühne eingebürgert, gerade das vollendetste, das vorzugsweise heimische, mußte, der Gefahr des Unterganges kaum entzogen, am längsten gegen das Vorurtheil kämpfen, und die Hermannsschlacht, die schon vor einem halben Jahrhundert zünden sollte, hat ihre Hörer bis heute nicht gefunden.

Auch die Nachlese, so ergiebig bei andern Dichtern, und die Kunde von seinem Leben ist demselben Mißgeschick verfallen. Einen großen Theil seiner Schriften hat er in selbstquälerischer Verachtung zerstört; was sonst zu hoffen, war verschollen oder in unbekannten Zeitschriften begraben, und erst Julian Schmidt's Ausgabe hat aus dem Phoebus einen Theil des Vergessenen wieder ans Licht gebracht. Vereinzelt und zufällig sind manche Briefe von ihm zum Vorschein gekommen und unbeachtet geblieben; die später von E. v. Bülow und Koberstein herausgegebenen größeren Sammlungen sind, wenn auch die erste, fast einzige Quelle, doch nicht umfassend genug, um auf sein dunkles Leben ein überall genügendes Licht zu werfen. Bülow's freilich nicht erschöpfende doch verdienstliche Lebensbeschreibung blieb in der politischen Sturmzeit von 1848, wie vierzig Jahre früher der lebende Dichter, fast unbeachtet. Erst in den letzten Jahren hat man sich ihm aus dem Gesichtspunkte der allgemeinen Zeitgeschichte, in der er in so fragwürdiger Gestalt hervortritt, wieder mehr zugewendet."³ Dennoch scheint eine Seite seines zerrissenen Lebens der näheren Besprechung würdig und bedürftig, von allen die erhebendste und reinste, in der sich die jähen Widersprüche vielleicht am ersten ausgleichen, die vaterländische. Ich würde es nicht unternehmen, allein auf Grund des schon benutzten Stoffes darüber zu reden, aber ich bin glücklich genug Neues, bisher Unbekanntes oder Vergessenes, hinzufügen zu können, und halte es für eine That der Gerechtigkeit, die folgende nicht geringfügige Nachlese zu Kleist's Schriften der Oeffentlichkeit zu übergeben. Eben hier erscheint er vorzugsweise als politischer Schriftsteller, von dieser Thätigkeit mindestens gewinnt man ein bedeutend vollständigeres Bild.

Zuerst habe ich Rechenschaft von den Quellen, aus welchen diese Nachträge geschöpft sind, abzulegen. Theils sind sie handschriftlicher Art, theils gehören sie vergessenen Drucken an; von jenen spreche ich zuerst.

Nicht alles, was Tieck aus dem Nachlasse Kleist's besaß, hat er in seine Ausgabe aufgenommen. „Auch finden sich", schreibt er, „in seinem Nachlasse Fragmente aus jener Zeit (1809), die alle das Bestreben aussprechen, die Deutschen zu begeistern und zu vereinigen, sowie die Machinationen und Lügenkünste des Feindes in ihrer Blöße hinzustellen: Versuche in vielerlei Formen, die aber damals vom raschen Drang der Begebenheiten überlaufen, nicht im Druck erscheinen konnten, und auch jetzt, nach so manchem Jahre und nach der Veränderung aller Verhältnisse, sich nicht dazu eignen."⁴ Also Schriftstücke politischen, vaterländischen Inhalts, die ein Aufruf an das Volk sein sollten, jedoch nie zur Verwendung gekommen sind, waren es, die Tieck im Jahre 1821 vor sich hatte. Zunächst scheint ihn die Rücksicht auf die Erregung des eben durchgekämpften Völkerkrieges, die jetzt friedlichern Stimmungen Platz machen sollte, von der Veröffentlichung abgehalten zu haben, und noch 1826 glaubte er dabei stehen bleiben zu müssen. Auch mochten ihm diese Fragmente im Vergleiche mit den großen Dichtungen minder bedeutend scheinen. Er sah in Kleist einen befreundeten gleichzeitigen Dichter, dem er aus den vollendetsten Werken ein Denkmal errichten wollte, von welchem er das Geringfügigere meinte ausschließen zu können. Ueberhaupt war seine Kritik ein Ausdruck der Begeisterung für den Gegenstand, mehr ästhetisch, allgemein anschauend und nachdichtend als historisch philologisch; er konnte zufrieden sein, den Dichter und dessen Werke der Vergessenheit entrissen und in genialen Zügen ein groß gehaltenes Bild beider entworfen zu haben. Ganz anders stand es, als zweiundzwanzig Jahre später Bülow in der Vorrede zum Leben Kleist's schrieb:⁵ „Die schon von Tieck besprochenen zerstreuten politischen Blätter aus dem Jahre 1809 habe ich ebenfalls durchgesehen und des Druckes meist unwerth befunden." Diese „Reliquien", die er damals noch unverkürzt in Händen hatte, legte er also in demselben Augenblicke als unwichtig bei Seite, wo er den Untergang oder die absichtliche Zurückhaltung anderer beklagte. Der Umstand allein hätte den Biographen bestimmen sollen, nicht seinem persönlichen Geschmacksurtheil über den Werth dieser Blätter, sondern dem historischen Gesetze zu folgen, das zu retten gebietet, was noch zu retten ist, damit das Bild des Dichters so getreu als möglich hergestellt werden könne. Das verlangte die inzwischen zur

Wissenschaft herangereifte Litteraturgeschichte, die auch für die Schriftsteller der nächsten Vergangenheit eine willkürliche Kritik dieser Art nicht mehr duldete. Nicht ohne ironisches Lächeln über Kleist's „naive Absicht" begnügte er sich, einen dieser Aufsätze, überschrieben: „Was gilt es in diesem Kriege?" sorglos abdrucken zu lassen. Von Tieck hatte Bülow diese Papiere erhalten; im Nachlasse des einen oder des andern mußten sie aufbewahrt sein.

Unter den zahlreich angesammelten Handschriften Tieck's fand sich in der That eine, die aus dem Nachlasse Kleist's herstammte, eine Abschrift der Penthesilea, vom Dichter durchgesehen und nicht ohne bedeutende Veränderungen einzelner Verse und Worte von seiner Hand. Aus der Vergleichung mit der Tieck'schen Ausgabe, welcher der Druck von 1808 zu Grunde liegt, und den nicht unerheblich abweichenden Bruchstücken im Phöbus, ergab sich diese Handschrift als eine dritte noch frühere Bearbeitung selbständigen Charakters, die auf's neue beweist, wie sorgfältig Kleist seine Dichtungen im einzelnen durcharbeitete. Dagegen schien sich die nah liegende Vermuthung, der Herausgeber der Kleist'schen Schriften werde von seinen Sammlungen mehr als dieses eine Erinnerungszeichen bewahrt haben, nicht zu bestätigen, als sich später, bei der Durchsicht eines Restes ungeordneter Papiere, noch eine Anzahl Blätter nach und nach unerwartet zusammenfanden. Es war ein Theil des großartigen Bruchstücks Robert Guiskard, das Kriegslied der Deutschen, das Sonett an die Königin von Preußen und das an den Erzherzog Karl im März 1809, denen sich einiges Prosaische anschloß; im Ganzen 28 Halbbogen und 6 Blätter in Quart bläulich grauen

Streifenpapiers, deſſen höheres Alter nicht bezweifelt werden konnte. Nur freilich waren es nicht Kleiſt's Schriftzüge, ſondern die altmodiſch ſteife Hand eines ſächſiſchen Schreibers, von der alles, nach der Tinte zu urtheilen, faſt in einem Zuge geſchrieben worden war. Zwar beginnt die Zählung der Seiten mehr als einmal von vorn und manche Blätter ſind gar nicht bezeichnet, aber offenbar liegt hier ein Bruchſtück einer Handſchrift vor, die wenngleich ſehr verſchiedenartigen Inhalts, doch äußerlich ein Ganzes bilden ſollte.

Bei näherer Unterſuchung des proſaiſchen Theils fanden ſich mehrere bisher unbekannte Aufſätze: fünf Halbbogen, unter der Ueberſchrift „Satyriſche Briefe", deren drei numerirt aufeinander folgen: „1. Brief eines rheinbündiſchen Officiers an ſeinen Freund; 2. Brief eines jungen märkiſchen Landfräuleins an ihren Onkel; 3. Schreiben eines Burgemeiſters in einer Feſtung an einen Unterbeamten"; welchen ſich ohne Zahlenbezeichnung ein vierter anſchließt „Brief eines politiſchen Peſcherü (ſo) über einen Nürnberger Zeitungsartikel." Auf einem Quartblatt folgte „die Bedingung des Gärtners, eine Fabel"; dann vier Halbbogen „Lehrbuch der franzöſiſchen Journaliſtik", ſechs Halbbogen und ein Blatt „Katechismus der Deutſchen, abgefaßt nach dem Spaniſchen zum Gebrauch für Kinder und Alte", jedes Stück mit beſonderer Seitenzählung; endlich noch vier nicht paginirte Halbbogen, drei Stücke enthaltend, eines mit der Aufſchrift „Einleitung", ein anderes ohne Titel beginnend mit der Anrede „Zeitgenoſſen", das dritte mit der Ueberſchrift „Was gilt es in dieſem Kriege?" Eben dieſes Blatt hatte Bülow herausgegriffen; es war alſo kein Zweifel mehr, die politiſchen Blätter Kleiſt's, die er nach Tieck's Vorgang bei

Seite gelegt hatte, waren noch erhalten. Gewiß ein glücklicher Fund, der durchaus Neues ans Licht brachte und für manchen andern Verlust entschädigen konnte. Die nächste Frage, ob er vollständig sei, beantwortete sich leider verneinend. Die Seitenzahlen des Katechismus ergeben, daß der dritte und sechste Halbbogen fehle; das Lehrbuch der französischen Journalistik bricht mit Paragraph 25, die Einleitung mitten im Satze ab; ursprünglich mußten diese Blätter vollzählig gewesen sein.

Ohne besondere Veranlassung zur Herausgabe und andern Arbeiten hingegeben, hatte ich mich längere Zeit bei diesem Ergebniß beruhigt, als die Briefe Kleist's an seine Schwester mich zu jenen politischen Bruchstücken zurückführten; denn was etwa noch gefehlt hätte, ein bestimmtes Zeugniß des Verfassers selbst, fand sich hier. Am 17. Juni 1809 nach der Schlacht von Wagram und dem Waffenstillstand von Znaym schrieb er von Prag aus, wohin ihn seine Hoffnungen auf Oesterreich geführt hatten, an seine Schwester: „Gleichwohl schien sich hier durch B. (Brentano?) und die Bekanntschaften, die er mir verschaffte, ein Wirkungskreis für mich eröffnen zu wollen. Es war die schöne Zeit nach dem 21. und 22. Mai, und ich fand Gelegenheit meine Aufsätze, die ich für ein patriotisches Wochenblatt bestimmt hatte, im Hause des Grafen v. Kollowrat vorzulesen. Man faßte die Idee, dieses Wochenblatt zu Stande zu bringen, lebhaft auf, Andere übernahmen es, statt meiner den Verleger herbeizuschaffen, und nichts fehlte als eine höhere Bewilligung, wegen welcher man geglaubt hatte, einkommen zu müssen. So lange ich lebe, vereinigte sich noch nicht so viel, um mich eine frohe Zukunft hoffen zu lassen, und nun ver=

nichten die letzten Vorfälle nicht nur diese Unternehmung, — sie vernichten meine ganze Thätigkeit überhaupt."

Also ein Theil der Aufsätze, die Kleist im Frühjahr 1809 für ein patriotisches Wochenblatt bestimmt hatte, ist in diesen Blättern enthalten, nach allen äußeren Zeugnissen kann seine Autorschaft keinem Zweifel unterliegen. Heutiges Tages indeß, wo es darauf ankommt den Stoff der abgeschlossenen Litteraturperiode zu sammeln und zu sichten, wird man bisher unbekannte Schriften eines bedeutendern Dichters nicht leicht aus der Hand geben, ohne sie einer allseitigen Durchforschung unterworfen zu haben, auch wenn ihre Aechtheit feststeht. Es ist daher gerathen, auch diese Briefe und Aufrufe nach Form und Inhalt näher zu prüfen; auch schon aus dem Grunde, weil dies zugleich für einige andere Stücke, deren Kleistischer Ursprung äußerlich weniger verbürgt ist, den erforderlichen Maßstab gewähren wird. Um die stilistische Gestaltung dieser politischen Aufsätze zu beurtheilen, wird man zunächst auf eine etwas allgemeinere Betrachtung der Prosa Kleist's hingewiesen.

Seine prosaischen Schriften, äußerlich weniger umfassend als die versificirten Dichtungen, bestehen aus Erzählungen und Briefen. Nur in jenen erscheint er in voller bewußter Kraft, in ihnen wird man daher den Schriftsteller studieren können, während diese vom Augenblicke eingegeben, ungleich und schwankend, bald lehrhaft, bald fieberisch erregt und abspringend den Menschen und den jähen Wechsel seiner Stimmungen auch in der Form zeigen. In der darstellenden Prosa ist er Meister, so daß Tieck der Ansicht war, hier entfalte sich sein Talent vielleicht noch glänzender als im Drama.

Könnte man einige Auswüchse beseitigen, die in seiner Natur wurzeln und von der vollendetern Handhabung der Form unabhängig sind, man würde von seinen acht Erzählungen die vier ersten größeren und sorgfältig durchgearbeiteten mustergültig nennen können. In der Haupttugend aller Erzählung beruhen ihre Vorzüge, in der durchsichtigsten Gegenständlichkeit. Ueberall treten Personen und Verhältnisse in festen und kräftigen Umrissen, bis zur sinnlichen Greifbarkeit deutlich hervor. Alles ist Bewegung, Leben, That, nirgend eine Stockung, eine todte Beschreibung, die sich abmüht viele einzelne Züge zusammen zu lesen, und es eben darum nie zu einem ganzen Bilde bringt, während hier die glückliche Einflechtung eines unscheinbaren Zuges auf einzelne Personen und ganze Gruppen einen hellen Rückstrahl wirft, der das Ganze in neuem überraschendem Lichte erscheinen läßt. Weil der Dichter diese Gestalten als ob sie lebten mit seinem Auge sah und darstellte, erweckt er in der Seele des Lesers, diesem unbewußt, die Kraft des dichterischen Nachschaffens. Mit der Selbstentäußerung eines Geschichtschreibers oder Dramatikers verschwindet er hinter seiner Darstellung, nirgend sieht man ihn mit zufahrender Hand in das Spiel hineingreifen und die Täuschung ungeschickt selbst zerstören, nirgend sich mit seinen Empfindungen und Betrachtungen aufdrängen; auch nicht in den Reden und Handlungen der Personen findet man ihn, weil sie überall ganz eigenthümlich, aus ihrer Stimmung, unter diesen gegebenen Umständen fühlen und handeln. Nur aus der Gesammtwirkung aller Kräfte, die er spielen läßt, ist sein letzter Gedanke zu erkennen. Und weil er seinen Menschen so wenig als sich selbst Abschweifungen philosophierender Betrachtung oder überschwellenden Gefühls verstattet, haben sie nichts von der idealistischen Weise anderer Dichtergestalten; sie sind vielmehr von einer realistischen Derbheit, die in Härte und Schroffheit übergehen kann, aber eben darum scheinen sie aus Phantasiegeschöpfen zur Höhe historischer Charaktere, in denen sich ganze Menschengattungen und Zeiten darstellen, emporzuwachsen.

Er selbst nähert sich dadurch, so weit sich das von dem Dichter sagen läßt, der Grenze des Geschichtschreibers. Ohne es sein zu wollen, oder auch nur den Anspruch des historischen Romanstils zu erheben, hat ihn sein historischer Realismus auf den geschichtlichen Boden geführt. Unmittelbar aus dem Leben, aus Gegenwart oder Vergangenheit schöpft er den Stoff, wie schon seine Vorliebe für die Anekdote beweist, die er da und dort aufgegriffen hat, und von denen er manche bis zur Erzählung ausspinnt. Auf diese lebendige Quelle deutet er bei der „Marquise von O." mit dem wichtigen Zusatze, der sich nur im Phoebus, nicht aber in den Ausgaben findet, selbst hin: „Nach einer wahren Begebenheit, deren Schauplatz vom Norden nach dem Süden verlegt worden."⁶ Wieder aber hat er diese Episode, in der er die ganze Fülle seines Talents entfaltet, in den Hintergrund des großen gleichzeitigen Revolutionskrieges eingefügt. Ebenso hat er im „Kohlhaas", dem „Erdbeben in Chili", der „Verlobung in St. Domingo" sich großen historischen Verhältnissen entweder angeschlossen, oder deren Natur an einem einzelnen Falle meisterhaft dargestellt; wie denn die erste Erzählung, sicherlich ohne daß er es beabsichtigte, zugleich eine ergreifende Darstellung des Ständekampfes geworden ist, der unter der Nachwirkung der Reformation in ganz

Deutschland entbrannte. Selbst die Verirrungen, in denen er unerwartet eine andere Seite seines Innern herauskehrt, und sich mit vollständiger Verleugnung des historischen Charakters auf das Gebiet des dunkeln Wahns verlocken läßt, dienen nur dazu, die Kraft seiner Darstellung in hellerem Lichte erscheinen zu lassen; denn auch die Traumgebilde seiner Phantasie hat er so mit Fleisch und Blut zu bekleiden gewußt, daß man sie sieht, ohne an ihre Wahrheit zu glauben. Sein „Kohlhaas" bleibt trotz des unhistorischen Vornamens Michael und trotz des mythischen Kurfürsten von Sachsen, bei dem der Historiker von Fach nur mit Haarsträuben an den standhaften Johann Friedrich denken kann, nach Auffassung und Darstellung eine fast vollendete historische Erzählung, deren Grundzüge dem Thatsächlichen entsprechen. Denn die Zurückhaltung der Pferde, die Rechtsverweigerung und Verschleppung sächsischer Seits, die Niederbrennuug der Vorstadt von Wittenberg, das Gespräch mit Luther sind historisch.[7] Nach ihrer Kunstform könnte sie ohne Uebertreibung ein in Prosa aufgelöstes Epos genannt werden.

Auch sind seine Erzählungen von der modernen Novelle, dem historischen Roman und dem, was heute dafür gelten will, sehr verschieden. Die Novellenhelden sind überwiegend Träger der Reflexion, sie kämpfen die Gegensätze nicht nach außen wirkend, durch die That aus, sondern in bialectischem Ringen mit sich selbst, sie ziehen die ganze Welt in den Strom ihrer Betrachtungen hinein, und dessen ungeachtet verblassen sie zu Schatten, die nach dem Lehrbuche sprechen. Andererseits in den neueren sogenannten historischen Romanen, die mit der Macht der Geschichte den Zauber der

Dichtung zu verbinden wähnen, werden die historischen Riesen auf das zwerghafte Maß einer schwächlichen Phantasie herabgedrückt, die eigentlich nur deshalb ihre Zuflucht zur Geschichte nimmt, weil diese mit der unübersehbaren Fülle eigenthümlicher Gestalten der dürftigen Erfindung zu Hülfe kommt. Der falsche Schein historischer Kenntniß soll die Mängel der Dichtung verdecken, und schließlich verliert jede von beiden den reinen und ursprünglichen Charakter durch die Verbindung mit der anderen.

So sehr Kleist Dramatiker ist, so vermeidet er doch in der Erzählung in der Regel den unmittelbaren Dialog, der in neueren Novellen so die Oberhand gewonnen hat, daß der verkehrte Versuch einer wörtlichen Uebertragung in das Drama hat gewagt werden können. Dagegen hat er im vollsten Verständnisse dieser Darstellungsweise die indirecte Rede überwiegend gebraucht. Auch da, wo seine Personen direct reden müßten, ist er epischer Berichterstatter, er läßt sie nicht aus dem Rahmen des Ganzen selbständig heraustreten, sondern verwandelt ihre Rede in ein Handeln, von dem er zu erzählen hat. Es ist bemerkt worden, sein dramatischer Dialog verrathe in den unruhigen Sprüngen, in dem hastigen Hin- und Wiederfliegen von Frage und Antwort, wodurch die Lebhaftigkeit zwar gesteigert wird, die innere Erregtheit des Dichters; seiner erzählenden Rede ist diese Zerrissenheit durchaus fremd. Mit gleichem Wellenschlage fließt sie wie ein breiter Strom dahin, auf dem der Hörer sich mit stets gleicher Theilnahme von einer Windung zur andern tragen läßt.

Mit Vorliebe baut Kleist lange Perioden, architectonisch erheben und schließen sie sich, ohne je zu erstarren; der Belege im einzelnen bedarf es kaum, jede Seite bietet sie dar. Aus vielen herausgegriffen möge folgende Periode hier eine Stelle finden:" „Der Roßhändler, dessen Wille durch den Vorfall, der sich auf dem Markt zugetragen, in der That gebrochen war, wartete auch nur, dem Rath des Großkanzlers gemäß, auf eine Eröffnung von Seiten des Junkers oder seiner Angehörigen, um ihnen mit völliger Bereitwilligkeit und Vergebung alles Geschehenen entgegenzukommen: doch eben diese Eröffnung zu thun, war den stolzen Rittern zu empfindlich, und schwer erbittert über die Antwort, die sie von dem Großkanzler empfangen hatten, zeigten sie dieselbe dem Kurfürsten, der am Morgen des nächstfolgenden Tages den Kanzler, krank wie er an seinen Wunden darniederlag, in seinen Zimmern besucht hatte." Der Wendepunkt dieser Periode liegt in dem doch, durch das sie in zwei gleich wiegende Hälften getheilt wird; jede hat zwei obere Nebensätze, die einen untern in sich umfassen, in dem eine nähere Begründung gegeben wird; beide schließen mit der Andeutung des Zieles ab, das erreicht werden soll. Der thatsächliche wie stilistische Nachdruck liegt auf den letzten Worten, sie leiten die Bewegung weiter. Umsonst versucht der Roßhändler seinen Zweck zu erreichen, um so besser erreichen die Ritter, die keine Versöhnung wollen, den ihren, die Rache. Man gewinnt den vollsten Ueberblick der Parteien, ihrer Stimmung, ihres Verhältnisses zu einander, ihrer Erfolge. Kleist's Perioden sind kunstvoll ohne verwickelt, reich ohne überladen zu sein, vielgliederig ohne Leben und Bewegung zu verlieren. Es ist ein Beweis bedeutender Meisterschaft, wenn man sich dem Zuge der deutschen Sprache zu weitläufigen Satzgefügen überlassen darf, weil die strenge Fassung, die nichts

Ueberflüssiges hinzufügt, die Möglichkeit eines Vorwurfs der Weitläufigkeit nicht einmal aufkommen läßt.

Noch verschlungener werden sie, wenn sich die mittelbare Rede zu entfalten beginnt, sei es, daß sie den Dialog einführe, oder über Seelenvorgänge berichte. Selten nur wird durch steigende Lebendigkeit die mittelbare Rede in die unmittelbare fortgerissen, wie in folgender Periode, die ebenfalls charakteristisch ist:[9] „Luther, der unter Schriften und Büchern an seinem Pulte saß, und den fremden besonderen Mann die Thür öffnen und hinter sich verriegeln sah, fragte ihn: wer er sei und was er wolle? und der Mann, der seinen Hut ehrerbietig in der Hand hielt, hatte nicht sobald mit dem schüchternen Vorgefühl des Schreckens, den er verursachen würde, erwiedert: daß er Michael Kohlhaas der Roßhändler sei; als Luther schon: „weiche fern hinweg!" ausrief, und indem er vom Pult erstehend nach einer Klingel eilte, hinzusetzte: „dein Odem ist Pest und deine Nähe Verderben!" Häufig dagegen zieht sich die indirecte Rede leicht und geschickt durch die längsten Wendungen hin, bisweilen freilich, auch über die Grenze des Erlaubten hinaus. So wird z. B. in der „Marquise von O." der Inhalt einer Rede in einer Reihe von Sätzen, die durch ein fünfzehnmal wiederholtes daß — daß — verbunden sind, wiedergegeben.[10] Ich weiß nicht, ob Kleist die Novellen des Cervantes studirt oder auch nur gekannt hat; aber lebhaft wird man an die hohe Gegenständlichkeit der Darstellung, an den vollen klaren Fluß der getragenen Perioden des Spaniers erinnert.

Doch auch bei dem Meister ist das wahrhaft Vollendete immer noch nicht das Gewöhnliche. Jeder Schriftsteller hat

Angewohnheiten des Stils, geringfügig scheinende Eigenthümlichkeiten, die um so häufiger sein können, je leichter sie sich dem Blick, der auf das Ganze gerichtet ist, entziehen. Aber er kommt dadurch in Gefahr, aus dem Stil in die Manier zu gerathen, und er wird ihr verfallen, wenn der freie Ausdruck des Inhalts von der bequemen Gewohnheit geleitet wird, statt sie zu leiten. Wie Goethe hat auch Kleist dergleichen Angewohnheiten. Es ist die Vorliebe für gewisse Bindewörter, die er gebraucht, um die Spannung des Lesers zu steigern oder herabzustimmen. Am auffallendsten ist das unzählige Mal wiederkehrende „dergestalt daß", das er als anschaulichere Redeweise dem nüchtern „so daß" vorzieht. Durch alle Erzählungen läßt sie sich verfolgen, im Kohlhaas allein sind ohne große Mühe ein Paar Dutzend Beispiele dafür aufzufinden. Nicht minder häufig ist der Gebrauch von „gleichwohl", wo es eine Bedingung, einen unerwarteten Gegensatz ankündigen soll, den man mit „dennoch, dessen ungeachtet" einleiten würde. Ferner die gleichzeitige Ereignisse oder Erwägungen vorführende Redensart „nicht sobald — als", für „kaum, in dem Augenblick als"; ebenso „inzwischen", dann das gleichgültige oder ungeduldig abweisende „gleichviel", das bedingende „falls" für „wenn." Alle diese Lieblingswendungen sind auch den Dramen, namentlich dem prosaischen Dialog, nicht fremd." · Dagegen hat sich Kleist von einem andern Fehler, dem auch die Größten verfallen sind, um so reiner erhalten, von widerlich störender Wortmengerei. Fremdwörter braucht er in der Regel nur da, wo etwa Kunstausdrücke unvermeidlich sind, überall bietet sich ihm an der rechten Stelle das rechte deutsche Wort ungesucht dar. Hier übertrifft er Schiller und den alternden Goethe bei weitem.

Es ist der Ausdruck seiner deutschen Natur; eben darum greift er auch bisweilen selbst im Verse zu Provinzialismen, die nichts weniger als edel, aber sehr bezeichnend sind.

Faßt man dies Alles zusammen, den künstlerischen Bau der Perioden, seine Vorliebe für die mittelbare Rede, die Reinheit seines Ausdruckes, die unbewußten stilistischen Gewohnheiten, so gewinnt man eine Anzahl von Merkmalen, nach denen sich mit ziemlicher Gewißheit feststellen läßt, ob man es mit Kleist's Wort und Schrift zu thun habe oder nicht.

II.

Die vier satirischen Briefe bilden gewissermaßen ein dramatisches Ganze, sehr verschiedene Personen sprechen sich über dieselben Ereignisse, jede in ihrer Weise aus. Der rheinbündische Officier, das Landfräulein, der Burgemeister; diesen ironischen Charakteren steht der politische Pescherü mit seinen einfachen Betrachtungen als Chor gegenüber. Der erste Brief ist in kurz abschneidender französirender Standessprache geschrieben. Das Landfräulein schreibt, wie schon der Eingangssatz beweist, in der verschlungenen Weise Kleist's; architectonisch durchgeführt sind Perioden wie die „Allein, wenn die Ansicht u. s. w." oder: „Aber die Beweise, die er mir, als ich zurückkam u. s. w.", denen die beiden letzten des Briefes, mit ihrem „inzwischen" und „gleichwohl" an die Seite gestellt werden können. In dem Schreiben des Burgemeisters (I, 1, 3) gilt es, die pedantische Langstiligkeit amtlicher Erlasse darzustellen; der Wortschwall ironisirt sich selbst, er soll betäuben und über die Schmählichkeit des Inhalts täuschen. Bezeichnend ist die unübersehbare Periode: „Indem wir euch nun diesem Auftrage gemäß u. s. w."

Der Brief des politischen Pescherü (I, 1, 4) stellt neun genau abgefaßte Fragen auf; in der fünften heißt es: „Ist er es, der den König von Preußen — zu Boden geschlagen hat, und auch selbst nach dem Frieden noch mit seinem grimmigen Fuß auf dem Nacken desselben verweilte"? Diese Bezeichnung vollständigster Vernichtung ist ein Lieblingsbild Kleist's. Im fünften Auftritt der Penthesilea sagt Asteria:

> Den Fußtritt will er, und erklärt es laut,
> Auf deinen königlichen Nacken setzen;

im neunten Auftritt wiederholt Penthesilea:

> Laßt ihn den Fuß gestählt, es ist mir recht,
> Auf diesen Nacken setzen!

Und die Hermannsschlacht beginnt mit den Worten:

> Rom, dieser Riese, der —
> Den Fuß auf Ost und Westen setzet,
> Des Parthers muthgen Nacken hier,
> Und dort den tapfern Gallier niedertretend.

Unter 7 heißt es im Briefe: „Ist er es, der — Preußen, den letzten Pfeiler Deutschlands sinken sah" —? Und in den ersten Versen der Hermannsschlacht:

> Und Hermann der Cherusker endlich,
> Zu dem wir, als dem letzten Pfeiler uns
> Im allgemeinen Sturz Germanias geflüchtet —

Endlich in der neunten Frage wird auf den Kaiser Franz folgendes Gleichniß angewendet: „der wie Antäus, der Sohn der Erde, von seinem Fall erstanden ist, um das

Vaterland zu retten." In dem Gedichte vom 1. März 1809 an denselben singt Kleist:

> O Herr, du trittst, der Welt ein Retter,
> Dem Mordgeist in die Bahn,
> Und wie der Sohn der duftgen Erde
> Nur sank, damit er stärker werde,
> Fällst du von Neu'm ihn an.[12]

Die Fabel „die Bedingung des Gärtners" entspricht in ihrer Fassung den beiden Fabeln, die 1808 im Phöbus erschienen. .

In ganz anderem Ton ist das „Lehrbuch der französischen Journalistik" gehalten. Obgleich die knappe Form dieser geschlossenen Reihe von Erklärungen, Lehrsätzen, Aufgaben und Beweisen der entfalteten Rede keinen Raum gestattet, so haben sich doch auch hier die Lieblingswendungen eingeschlichen. Es ist bekannt, welche Neigung Kleist für diese Darstellungsweise und den strengen Beweis hatte. Wie er zuerst meinte, seine Lebensaufgabe auf dem Gebiete der Mathematik gefunden zu haben, so ist er auch später, namentlich in den Briefen, geneigt, wo die Leidenschaft nicht durchbricht, seine Gedanken in streng logische Formeln zu bringen. Leider ist das Lehrbuch der Journalistik in 25 Paragraphen unvollständig. Wahrscheinlich hatte er es zu Ende geführt, doch sind die letzten Blätter verloren gegangen. Den obersten Grundsätzen und Definitionen folgt im Paragraph 10 die Eintheilung der Journalistik mit dem ersten Capitel: „Von der Verbreitung der wahrhaftigen Nachrichten" in zwei Artikeln „von den guten und den schlechten Nachrichten"; ein zweites Capitel von der Verbreitung falscher Nachrichten mußte folgen, und dieses fehlt.

In dem „Katechismus der Deutschen" hat Kleist die Einförmigkeit des katechisirenden Tons, in dem die Antwort das Echo der Frage ist, so zu beleben gewußt, daß er durchaus charakteristisch wird, und einzelne Redewendungen von Vater und Sohn an den bramatischen Dialog, etwa die einfachen Gegenreden Käthchens in der ergreifenden Scene mit ihrem Vater erinnern." Auch andere Anklänge fehlen nicht. Die Schilderung des Erzfeindes findet an mehr als einer Stelle ihr Seitenstück. Sie lautet 7: „Als einen der Hölle entstiegenen Vatermörder, der herumschleicht in dem Tempel der Natur und an allen Säulen rüttelt, auf welchen er gebaut ist." Im Käthchen von Heilbronn schleudert der alte Theobald dem Grafen Strahl folgende Worte zu:

> Ein glanzumflossener Vatermördergeist,
> An jeder der granitnen Säulen rüttelnd,
> In dem urewigen Tempel der Natur,
> Ein Sohn der Hölle, den u. s. w.

In der Hermannsschlacht sind Raub, Brand und Mord ein „höllenentstiegener Geschwisterreigen" und in dem Gedichte „Germania an ihre Kinder" ist es „eines Höllensohnes Rechte", die das eiserne Joch der Knechtschaft auferlegt. Im Katechismus 9 soll, wer weder liebt noch haßt, wenn es sich um die Freiheit des Vaterlandes handelt, in die tiefste, siebente Hölle, in der Hermannsschlacht der Verräther in die neunte Hölle stürzen. Dort wird die Frage verneint, ob nicht „das Blut vieler tausend Menschen nutzlos geflossen, die Städte verwüstet und das Land verheert worden sei", wenn man im Kampf unterliege. In dichterischer Sprache wird derselbe Einwand abgewiesen „Germania und ihre Kinder":

> Nicht die Flur ist's, die zertreten
> Unter ihren Rossen sinkt,
> Nicht der Mond, der in den Städten
> Aus den öden Fenstern blinkt,
> Nicht das Weib, das mit Gewimmer
> Ihrem Todeskuß erliegt."

Die drei folgenden Stücke (I, 2, 1—3) sind nicht blos ein persönlicher Gefühlserguß, sondern Aufrufe an das Volk, die Kampf und Rache erwecken sollen. Das erste kündet sich als „Einleitung" einer Zeitschrift an, und ist im Tone der glühendsten vom Hasse eingegebenen Beredsamkeit geschrieben; der Erzherzog Karl ist der volksthümliche Held, „der Bezwinger des Unbezwungenen", oder, wie er in dem Siegesliede nach der Schlacht von Aspern genannt wird, „der Ueberwinder des Unüberwindlichen." Germania soll der Name dieser Zeitschrift sein; „Hoch auf den Gipfel der Felsen soll sie sich stellen, und den Schlachtgesang herabdonnern ins Thal", wie in dem Gedichte Germania ihren Kindern zuruft:

> Mit dem Spieße, mit dem Stab
> Strömt ins Thal der Schlacht hinab!
> — —
> Das Gebirg hallt donnernd wieder —
> — —
> Und vom Fels herab der Ritter,
> Der sein Cherub, auf ihm steht.

Die Germania der Zeitschrift will singen: „Vaterland, — welch ein Verderben seine Wogen auf dich heranwälzt." In dem letzten Lied

> Kommt das Verderben mit entbundenen Wogen
> Auf Alles, was besteht, herangezogen.

Jene will „die Jungfrauen des Landes herbei=
rufen, wenn der Sieg erfochten ist, daß sie sich niederbeugen
über die, so gesunken sind"; und das Lied an den Erzherzog
Karl nach der Schlacht bei Aspern singt:

 Siehe, die Jungfraun rief ich herbei des Landes,
 Daß sie zum Kranz den Lorbeer flöchten.¹⁶

Der Grundton der Einleitung ist in dem Gedicht Germania
zum gewaltigen Schlachtgesang geworden, und kaum wird man
sich der Ueberzeugung verschließen können, gerade für die Er=
öffnung dieser Zeitschrift sei es geschrieben worden. Der Schluß
der Einleitung fehlt; dagegen scheint das folgende Stück, das
ohne Ueberschrift mit dem aus einer andern Schrift entlehnten
Aufrufe „Zeitgenossen!" beginnt, von Kleist selbst nicht abge=
schlossen zu sein, wenigstens die Abschrift ist nicht vollständig,
denn mit dem Ausrufe „Was?" bricht der Text mitten auf
der Seite ab. Es sollen diejenigen, die sich auf den Trüm=
mern des Vaterlandes in die bequeme Ruhe der Ungläubigkeit
einwiegen, aufgeschreckt und ihnen die Augen über den Ab=
grund, an dem sie stehen, geöffnet werden. Das Ziel des
Kampfes wird bezeichnet in dem Aufruf „Was gilt es in die=
sem Kriege?" Wenn es heißt: „Deren (der deutschen Nation)
Unschuld selbst in dem Augenblick noch, da der Fremdling sie
belächelt oder wohl gar verspottet, sein Gefühl geheimnißvoll
erweckt, dergestalt daß" — so giebt dazu die Hermannsschlacht
ein treffendes Beispiel, wo der Römer von dem Deutschen
sagt:

 In einem Hämmling ist, der an der Tiber graset,
 Mehr Lug und Trug, muß ich Dir sagen,
 Als in dem ganzen Volk, dem er gehört.¹⁶

Erst im Zusammenhange mit den früheren Stücken erscheint dieser Aufruf, der weder abgeschlossen noch auch das bedeutendste Stück ist, im rechten Lichte; um so weniger ist zu begreifen, wie Bülow gerade dies zur Probe mittheilen konnte, um dadurch seine Verurtheilung der anderen gehaltreicheren Blätter zu rechtfertigen.

Mit den bekannten politischen Gedichten Kleist's stehen diese Aufsätze in nächster Verbindung; sie sind der Ausdruck derselben Zeit und Stimmung, wie die Hermannsschlacht von 1808, die Gedichte an den Kaiser Franz und den Erzherzog Karl aus dem Frühjahr 1809, und Germania an ihre Kinder. Der erste satirische Brief ist unter der Einwirkung des beginnenden Krieges von 1809 geschrieben, wie die Hindeutung auf die unglücklichen Kämpfe um und in Regensburg vom 19. bis 23. April beweist; Napoleons siegverkündendes Bülletin, dessen erwähnt wird, ist vom 24. April datirt. Der vierte Brief schließt sich an einen Artikel des Nürnberger Korrespondenten aus denselben Tagen an. Die österreichischen Landwehren, welche die Fabel anredet, waren durch Erlaß vom 9. Juni 1808 ins Leben gerufen; die Erhebung der Spanier, auf welche die Ueberschrift des Katechismus anspielt, hatte im Mai 1808, der Tiroler, deren im Text gedacht wird, am 9. April 1809 begonnen. Dagegen findet sich nichts, was auf den Sieg von Aspern am 21. und 22. April 1809 hinwiese. Also diese fünf Stücke werden Ende April oder Anfangs Mai entstanden sein. Ganz anders lautet der Ton nach der Schlacht von Aspern in der Einleitung zur Germania; der erste Athemzug der deutschen Freiheit sollte diese Zeitschrift sein. Derselben Zeit gehören auch die beiden andern Nummern an. Da folgte die Schlacht von Wagram, und Sieg und Hoffnung, Muth und Zuversicht, Kraft und Begeisterung sind wiederum mit einem Schlage vernichtet.

Den Versuch, den Kleist in Prag 1809 machen wollte, durch eine Zeitschrift auf die Volksstimmung zu wirken, hat er einmal vorher 1808 in Dresden, ein anderes Mal nachher 1810 in Berlin wirklich gemacht. Dort sollte es eine künstlerisch wissenschaftliche, hier eine vaterländische sein. Jenes ist der Phöbus, „ein Journal für die Kunst," zu dessen Herausgabe er sich mit Adam Müller und dem Maler Ferdinand Hartmann verbunden hatte, dieses die „Berliner Abendblätter." Prächtig ausgestattet, auf weißem Papier in Quart, groß gedruckt, mit kupfergestochenen Umrissen erschien der Phöbus in monatlichen Heften, auf deren Umschlag der emporsteigende Sonnengott mit seinem Viergespann zu sehen war. Kleist erblickte wirklich eine neue Hoffnungssonne in diesem Unternehmen. Aus der Zeitschrift sollte eine Buch=, Karten= und Kunsthandlung erwachsen, in die er und seine Freunde nach dem Vorbilde der Fugger und Medici alles hineinwerfen sollten, was man auftreiben könne. Dichter und Buchhändler zugleich zu sein, darin lag die Hoffnung des großen Looses; außerdem war Novalis Nachlaß, Beiträge von Goethe und Wieland zugesagt. Ruhmredig pries Adam Müller seinem Freunde Gentz, daß es wohl noch keine ähnliche Verbindung der Poesie und Philosophie und der bildenden Kunst gegeben, und meinte jede Vergleichung mit den Horen, als „einer Art von sonntäglicher Retraite oder Ressource", und selbst mit dem Athenäum abweisen zu können. Dennoch war es kein Treffer; die gehofften Mittel und Beiträge blieben aus, mit der Mißgunst der Buchhändler waren die noch mißgünstigeren Zeitumstände im Bunde, und schon im August 1808 ward es Kleist deutlich, das Journal werde sich auf die Dauer nicht halten. Am Ende war man zufrieden, es der Waltherschen Buchhandlung in Dresden überlassen zu können, und mit dem zwölften Monatshefte des Jahres 1808 hörte es auf. Für uns liegt der überwiegende Werth desselben darin, daß Kleist es zur ersten Niederlage seiner bedeutendsten Dichtungen gemacht hat."

In dem unscheinbarsten Gewande, der Zeit angemessen, wo man alle Veranlassung hatte, geräuschlos zu wirken, traten die Berliner Abendblätter seit dem 1. October 1810 auf. Klein Octav, graues Löschpapier, stumpfe Lettern, die von mittlerer Größe, unter Anwendung aller Hülfen der Raumersparniß, bis zu den kleinsten Augentödtern hinabstiegen, durch zahllose Druckfehler entstellt, bieten sie einen ungemein kümmerlichen Anblick dar; äußerlich stehen sie auf einer Stufe mit dem bekannten Berliner Localblatte, der Beobachter an der Spree. Kein Programm war vorangeschickt, das über den Zweck des Blatts Andeutungen gegeben hätte, selbst in der ersten Nummer nannten sich weder Redacteur noch Buchdrucker, und erst unter dem 22. October trat Kleist in einer von ihm unterzeichneten Erklärung aus dem Dunkel hervor, während die buchhändlerische Spedition von J. E. Hitzig übernommen wurde. Diese dürftigen Blätter haben einige bekannte Dichtungen Kleist's in die Welt zuerst eingeführt; sie enthalten aber noch weit mehr, theils unter seinem Namen, theils unter verschiedenen Zeichen, was nachher im Sturm eines halben Jahrhunderts verweht und vergessen worden ist. Damals wenig beachtet, sind sie jetzt ein wichtiges Hülfsmittel zur Litteratur und Würdigung des Dichters. Doch gehört ein vollständiges Exemplar zu den größten Seltenheiten des Büchermarkts. Tieck muß sie bei der Herausgabe des Nachlasses noch gehabt haben; in der Vorrede sagt er, daß sie „ungleich und oft flüchtig von verschiedenen Verfassern geschrieben, doch manches Erfreuliche von ihm (Kleist) enthalten," doch geht er auf eine Ausscheidung desselben nicht ein.[18] Bülow erhielt beim Abschlusse seines Buchs, wie er in der Vorrede sagt, noch ein Exemplar; doch ist es entweder nicht vollständig gewesen oder von ihm nicht vollständig benutzt worden, denn in dem Anhange giebt er nur zwei Stücke „über das Marionettentheater" und „eine Anekdote aus dem letzten preußischen Kriege"; das Uebrige bezeichnet er „als unbedeutende gelegentliche Aufsätze und Bemerkungen."[19] Auch der neueste Herausgeber Julian Schmidt hat der Abendblätter nicht habhaft werden können. Ich würde mich in gleicher Lage befinden, wenn mich nicht Herr Freiherr W. v. Maltzahn durch die freundschaftliche Mittheilung derselben aus seinem reichen Bücherschatze in den Stand gesetzt hätte, diese verschüttete Quelle durch eigene Untersuchung wieder zu öffnen. Vor mir liegen 75 Blätter vom 1. October bis 28. December 1810, ein volles Quartal. Aber wie sich aus dem Briefe Kleist's an F. v. Raumer vom 21. Februar 1811 in dessen kürzlich erschienenen Lebenserinnerungen und Briefwechsel ergiebt, sind die Abendblätter erst gegen Ende dieses Monats eingegangen; die letzten Nummern scheinen ganz verschollen zu sein. Mitarbeiter waren Adam Müller, A. v. Arnim, Brentano, Friedrich Schulz, Fouqué und einige andere. Doch litt das Unternehmen an innerer Planlosigkeit, es brachte bunt zusammengewürfelte Artikel über Fragen der innern Politik und das Theater, dichterische Beiträge und Polizeiberichte, und scheiterte zuletzt an dem Zerwürfniß mit den obersten Staatsbehörden, auf deren Unterstützung Kleist nicht ohne Selbsttäuschung gerechnet hatte, wie seine leidenschaftliche Anklage F. v. Raumers beweist.

Er selbst hat zahlreiche und sehr verschiedenartige Beiträge geliefert. Aus der Ermittelung und Zusammenstellung derselben wird sich eine nicht ganz geringe und kaum noch gehoffte Nachernte ergeben, die ich mit den vorher besprochenen handschriftlichen Bruchstücken zu einem Ganzen verbinde.

Einiges steht durch die Unterzeichnung, anderes durch den Inhalt fest. Durch sein offenkundiges H. v. K. bekennt er sich am 5. October zu der „Ode auf den Wiedereinzug des Königs im Winter 1809"; am 17. October zu dem Artikel „Theater. Unmaßgebliche Bemerkung"; am 12. December zu dem Aufsatze „über das Marionettentheater." Anerkannt hat er durch Aufnahme in den zweiten Band der Erzählungen 1811 „das Bettelweib von Locarno" vom 11. October, und „die heilige Cäcilie oder die Gewalt der Musik, eine Legende" hier mit dem Zusatze „Zum Taufangebinde für Cäcilie M...." vom 15. November, die erste mit mz, die andere yz unterzeichnet. Er wandte also verschiedene Schriftstellerzeichen an, je nachdem er erkannt, errathen oder verborgen bleiben wollte. Die Wahl solcher Chiffern ist freilich durchaus willkürlich, und der Versuch ohne anderweitige Bürgschaft aus ihnen einen Schluß auf den Verfasser zu ziehen, wäre sehr mißlich. Doch sollte der Schriftsteller in diesen Dingen auch kein entschiedenes System gehabt haben, dennoch wird man irgend eine Art von Folgerichtigkeit annehmen dürfen; wahrscheinlich werden die einmal gebrauchten Zeichen, sei es in etwas abweichender oder derselben Verbindung wiederkehren. Auch Kleist wird die Buchstaben m, x, y, z wiederholt angewendet haben, und wenn ihnen Auffassung und Darstellung zustimmen, wird man mit annähernder Gewißheit aussprechen können, ob ein Stück von ihm sei oder nicht.

Zunächst nach diesen äußeren Zeichen stelle ich die Aufsätze zusammen: xy ist unterzeichnet der Artikel „Theater" vom 4. October (I, 4, 4 dieser Nachlese). x: die „Einleitung, Gebet des Zoroaster" vom 1. October (I, 2, 4); „Anekdote aus dem letzten Kriege" vom 20. October (I, 3, 6); „von der Ueberlegung, eine Paradoxe" vom 7. Decbr. (I, 2, 5). y: „Brief eines Mahlers an seinen Sohn" vom 22. October (I, 4, 2); „Schreiben aus Berlin vom 28. October" unter dem 30. Oct. (I, 4, 6); „Brief eines jungen Dichters an einen jungen Mahler" 6. November (I, 4, 3). z: „Betrachtungen über den Weltlauf" 9. October (I, 2, 6). xyz: „Der Branntweinsäufer und die Berliner Glocken, eine Anekdote" 19. October (I, 3, 7). Das Zeichen mz erscheint in Verbindung mit r. rmz ist gezeichnet „Nützliche Erfindungen, Entwurf einer Bombenpost" 12. Octbr. (I, 5, 2); rm „Aëronautik" 29., 30. October (I, 5, 4). rz: „Der verlegene Magistrat, eine Anekdote" 4. October (I, 3, 9). r: „Muthwille des Himmels, eine Anekdote" 10. October (I, 3, 5). Ein anderes Mal gesellt sich zu x noch p. xp erscheint unter drei Epigrammen, 24., 31. October (II, 3, 3).

Hier verlassen uns diese Spuren; doch nehme ich für Kleist noch eine Anzahl Stücke, die entweder völlig abweichende oder gar keine Zeichen haben, aus inneren Gründen in Anspruch. Zwei gereimte Epigramme, 12., 30. Octbr. (II, 3, 3) unter st.

Zu dem Aufsatz „Empfindungen vor Friedrich's Seelandschaft" (I, 4, 1) cb unterzeichnet, hat er sich in der folgenden Erklärung vom 22. October selbst bekannt: „Der Aufsatz der Hrn. L. A. v. A. und C. B. über Hrn. Friedrich's Seelandschaft (S. 12te Blatt) war ursprünglich dramatisch abgefaßt; der Raum dieser Blätter erforderte aber eine Abkürzung, zu welcher Freiheit ich von Hrn. A. v. A. freundschaftlich berechtigt war. Gleichwohl hat dieser Aufsatz dadurch, daß er nunmehr ein bestimmtes Urtheil ausspricht, seinen Charakter dergestalt verändert, daß ich zur Steuer der Wahrheit, falls sich dessen jemand noch erinnern sollte, erklären muß: nur der Buchstabe desselben gehört den genannten beiden Hrn.; der Geist aber und die Verantwortlichkeit dafür, so wie er jetzt abgefaßt ist, mir. H. v. K."

In dieser Erklärung liegt ein Widerspruch. Hatte er Arnim's und Brentano's Dialog (denn das allein kann mit der „dramatischen" Form gemeint sein) in diese Betrachtung umgesetzt, so gehörte ihm sicherlich auch der Buchstabe an; sein Stil ist es unverkennbar. Durch das Zeichen cb wollte er, wie es scheint, Clemens Brentano's Autorschaft wahren.

Kleist gehören ferner an: vaa bezeichnet die Erzählung „Warnung gegen weibliche Jägerei" 5., 6. November (I, 3, 1); ava, eine Umstellung des vorigen, „die sieben kleinen Kinder" 8. Nov. (I, 4, 7); M. F. die beiden Erzählungen „die Heilung" vom 29. November und „das Grab der Väter" 5. December (I, 3, 2. 3); und „Allerneuester Erziehungsplan" unterzeichnet Levanus 29. October (I, 5, 1). Ohne jedes Zeichen sind folgende Stücke: „Der Griffel Gottes", eine Anekdote 5. October (I, 3, 4); „Anekdote aus dem letzten preußischen Kriege"

6. October in Bülow's Nachtrag; „Charité=Vorfall" 13. October (I, 3, 10); „Schreiben aus Berlin" 15. October (I, 5, 3); „Anekdote" 24. October (I, 3, 11); „Räthsel" eine Anekdote, 1. Novbr. (I, 3, 12); „Tages=Ereigniß" 7. Novbr. (I, 3, 8); „von einem Kinde, das kindlicher Weise ein anderes Kind umbringt" 13. November (I, 4, 8); „Legende nach Hans Sachs. Gleich und Ungleich" 3. November; und „Legende nach Hans Sachs. Der Welt Lauf." 8. December (II, 1, 2); endlich zwei Anekdoten, 22. November und 27. November (I, 3, 13. 14).

Diese Aufsätze, nach Werth und Inhalt sehr ungleich, gehen von der höchsten Betrachtung bis zur niedrigen Tagesanekdote hinab. Mit manchem Beitrag ist es ihm durchaus Ernst, andere sind nichts als Raumfüller und Lückenbüßer. Um den Beweis anzutreten, sie alle seien von einem Verfasser, und zwar von Kleist, war es nöthig, das Gleichartige in eine Klasse zu bringen; schon daraus mußte sich manches ergeben, was für die innere Zusammengehörigkeit spricht. Ich habe sie nach der prosaischen und dichterischen Form in zwei Abtheilungen geschieden, deren erste enthält: 1. Politische Satiren, 2. Politische Aufrufe und Betrachtungen, 3. Erzählungen und Anekboten, 4. Kunst und Theater, 5. Gemeinnütziges; worauf die wenigen versificirten Stücke unter dem zweiten Haupttitel folgen.

Zu dem Politisch Historischen gehören drei Beiträge: die „Einleitung, Gebet des Zoroaster", „von der Ueberlegung, eine Paradoxe" und „Betrachtungen über den Weltlauf" (I, 2, 4—6). Daß der Führer des Blattes die Einleitung geschrieben habe, läßt sich ohne Weiteres annehmen; sie athmet ganz seinen Geist in dem Ingrimm über das Elend des Zeitalters, die Erbärmlichkeit, Halbheit, Unwahrhaftigkeit und Gleißnerei, zu deren Bekämpfung er um Kraft betet. Denselben praktischen Zweck hat die Paradoxe; sie gilt den Deutschen, und findet im Gegensatze zu den Franzosen den Quell ihres Elends in dem unverhältnißmäßigen Uebergewicht der gepriesenen Ueberlegung, die den lähmenden Zwiespalt zwischen Denken und Handeln hervorruft. Wie im Katechismus richtet ein Vater diese Rede an seinen Sohn. „Die Ueberlegung," sagt er „scheint nur die zum Handeln nöthige Kraft, die aus dem herrlichen Gefühle quillt, zu verwirren, zu hemmen und zu unterdrücken." Aehnlich im Katechismus 9: „Sie (die Deutschen) reflectirten, wo sie empfinden, oder handeln sollten, meinten alles durch ihren Witz bewerkstelligen zu können, und gäben nichts mehr auf die alte geheimnißvolle Kraft der Herzen." Dort wie hier spielt das Gleichniß vom Ringer durch. In der Paradoxe heißt es: „Der Athlet kann in dem Augenblick, da er seinen Gegner umfaßt hält, schlechterdings nach keiner andern Rücksicht — verfahren — aber nachher, wenn er gesiegt hat oder am Boden liegt, mag es zweckmäßig sein — zu überlegen, durch welchen Druck er seinen Gegner niederwarf." Und im Katechismus 7: „Das wäre ebenso feig, als ob ich die Geschicklichkeit, die einem Menschen im Ringen beiwohnt, in dem Augenblick bewundern wollte, da er mich in den Koth wirft und mein Antlitz mit Füßen tritt." Derselbe Gedanke endlich, Kraft und That seien früher als Erkenntniß und Betrachtung, das politische Handeln älter als dessen Darstellung durch die Kunst, die Reflexion das Zeichen des Verfalls und der Ohnmacht, erhebt sich in den „Betrachtungen über den Weltlauf" zur geschichtsphilosophischen Höhe. Stilistisch sprechen die langen Perioden,

in dem letzten Stück der indirecte Satz mit seinem fünf=
maligen — „daß" — für Kleist.

Unter I, 3, 1—3 folgen drei etwas ausgeführtere Erzäh=
lungen „Warnung gegen weibliche Jägerei" vua, „die Hei=
lung" und „das Grab der Väter", beide M. F. gezeichnet.
Das könnte etwa auf Fouqué zu deuten scheinen, doch hat
dieser nur wenige unbedeutende Zeilen unter d. I. M. F.
beigesteuert; auch hat der Stil durchaus nichts von seiner
Manier. Diese drei Erzählungen gehören zusammen, sie sind
von einem Verfasser; in allen dieselbe Anschaulichkeit, dieselbe
Lebendigkeit der Darstellung, verschlungene Perioden und in=
direct wiederholte Reden und Betrachtungen. Mit ungemeiner
Kraft, höchst ergreifend ist in der „Heilung" die Spitze der
ganzen Begebenheit in eine einzige Periode zusammengedrängt:
„Wie mußte nun dem Leichtsinnigen zu Muthe werden", u. s. w.
die in wenigen Strichen ein Grauen erregendes Bild vor=
führt. Auch „dergestalt daß" fehlt hier nicht. In gleicher
Weise wird in dem „Grab der Väter" die Summe des
Ganzen in einem Bilde, in einer Periode ausgesprochen.
„Da standen sie aber plötzlich" u. s. w. Die erste Erzählung
ist mehr humoristischer Natur. Alle drei stehen auf der
Grenze der Erzählung und Anekdote und schließen sich inso=
fern dem „Bettelweib von Locarno" an, einer Anekdote spuk=
haften Inhalts, welche die Reihe dieser kleinen Skizzen, die
den Rahmen des Blattes füllen, eröffnet.

Es folgt eine Gallerie von elf Anekdoten verschiedenen
Inhalts, zum Theil als solche bezeichnet; einige sehr charakte=
ristisch und unmittelbar dem Leben entlehnt, der Form nach
Papierschnitzel, die nebenher vom Schreibtisch abgefallen waren.

Manche mochten Züge sein, die zu künftiger Verwendung
in irgend einem größeren Bilde vorläufig hingeworfen waren.
„Der Griffel Gottes" (I, 3, 4), ohne Unterzeichnung, trägt
das Gepräge einer solchen Notiz zu einer später auszufüh-
renden Erzählung. Ins Lächerliche wird das Grausige verkehrt in der Anekdote „Muthwille des Himmels" r., in der
man Kleist's Feder wieder erkennen wird. Auch spricht der
Schauplatz dafür, seine Vaterstadt Frankfurt an der Oder,
wo er dies Geschichtchen gehört haben mochte. Es ist wie
die folgenden 6 bis 9 eine der beliebten Militairanekdoten.
Kleist war diesen Kreisen, seiner abweichenden Denk- und
Lebensweise ungeachtet, nicht entfremdet; noch 1810 war von
seinem Rücktritt in den Dienst in allem Ernst die Rede.[30]
Bei der lebhaften Theilnahme, die man nach altpreußischer
Ueberlieferung an militairischen Dingen nahm, und der Be-
schränkung, der die Tagesblätter damals doppelt unterlagen,
war es nicht zu verwundern, wenn kleine Soldatengeschichten,
Witze und Disciplinarfälle einen willkommenen Stoff dar-
boten. War doch der Soldat neben dem Schauspieler der
einzige öffentliche Charakter! Eine eigenthümliche Art dieser
Anekdoten bilden die Züge der Tapferkeit Einzelner, die man
aus den Nachrichten des letzten Krieges zu sammeln begann.
Zum Troste über die Vergangenheit, daß der alte Geist wieder erwachen werde, suchte man sie auf. In dem Sinne
nahm Kleist diese kleinen Geschichten; den unter der Asche
glimmenden Funken dachte er wohl mit solchen Erinnerungen,
soweit er vermochte, zu unterhalten. Von den beiden Anekboten aus dem letzten preußischen Kriege ist die erste, die
Bülow bereits mitgetheilt hat, gar nicht, die zweite x unter-

zeichnet. Mit dieser bramatischen Lebendigkeit konnte nur Kleist den preußischen Husaren vorführen, der in der Nähe des siegreichen Feindes seinen Danziger mit größter Seelenruhe trinkt, sich schnäuzt, die Pfeife anzündet, über die Feinde herfällt, daß sie die „Schwerenoth kriegen" sollen, und auf drei französische Chasseurs „dergestalt" einhaut, „daß" sie aus dem Sattel stürzen. Die Umständlichkeit des bramatisch gehaltenen Gesprächs, das regelmäßig wiederkehrende „spricht er" für „sagte er" erinnert lebhaft an den Dialog zwischen Eva und dem Dorfrichter in der zweiten Bearbeitung des zerbrochenen Krugs. Wenn er sagt, auf der Reise nach Frankfurt habe er diese Geschichte in einem Dorfe bei Jena gehört, so konnte das damals geschehen sein, als er im Frühjahr 1807 nach Jour als Gefangener geführt wurde. Verwandt (und wieder nicht ohne „dergestalt daß") aber cynisch und hoch humoristisch ist die Anekdote 6. Gleichgültiger sind die drei folgenden Geschichten, militairische Disciplinarfälle; 7 xyz, 8 ohne Zeichen, 9 rz. Komischen Inhalts sind die fünf letzten Anekdoten; 10, eine Tagesneuigkeit, zugleich eine Satire auf die Aerzte; 11 bis 14 sämmtlich ohne Zeichen, doch durch „gleichwohl" und „dergestalt daß" hinreichend kenntlich gemacht.

Der vierten Abtheilung „Kunst und Theater" gehören acht Nummern an. Die beiden Briefe „eines Mahlers an seinen Sohn", und „eines jungen Dichters an einen jungen Mahler", mit y bezeichnet, gehören zu einander. Der erste, der ironisirend in dem einfachen Stil des kunstliebenden Klosterbruders beginnt, um cynisch zu enden, ist ein Ausfall gegen die junge Malerschule, der Gemüth und Andacht, Beruf und

Studium ersetzen soll. Im zweiten fordert der Dichter den
Maler auf, von dem verhimmelnden Nachbilden alter Meister
abzustehen, weil der Künstler sein eigenes Innerste zur An=
schauung bringen solle, da das wesentlichste Stück der Kunst
„die Erfindung nach eigenthümlichen Gesetzen" sei. Die Dich=
tung soll mit der Malerei auseinandergesetzt werden. Schon
im Phöbus hatte Kleist in einer Anmerkung zu dem Ge=
dichte nach Hartmanns Gemälde „der Engel am Grabe des
Herrn" etwas Aehnliches angekündet; er wollte in dieser fort=
gesetzten Verbindung zweier so verschiedener Kunstleistungen
eine Sammlung von Beispielen geben, an denen vielleicht die
alte wichtige Frage von den Grenzen der Malerei und Poesie
erörtert werden könne." Die folgenden Nummern dieses Ab=
schnitts sind, mit Ausnahme der letzten Abhandlung „über
das Marionettentheater", gelegentliche Bemerkungen, die durch
das Berliner Theater veranlaßt wurden. Die erste „Theater" xy
(I, 4, 4) ist eine feine Kritik Iffland's, der sehr vorsichtig
als Manierist bezeichnet wird. Die Hinweisung auf Kant's
Kritik der Urtheilskraft an dieser Stelle läßt den Kantianer
Kleist sogleich errathen. In der „unmaßgeblichen Bemerkung"
(I, 4, 5) tritt er in seinem H. v. K. mit einem Angriffe auf
die Theaterleitung offen hervor. Die Direction soll wahre
Kritik üben; ist sie geneigt, der Menge zu schmeicheln, muß
sie unter die Aufsicht des Staats gestellt werden. Nicht ohne
Gereiztheit spricht er gegen Iffland, dem er in Folge der
Zurückweisung des Käthchen von Heilbronn schon am 12. August
1810 einen sarkastisch bittern Brief geschrieben hatte. Das
„Schreiben aus Berlin 28. Oktober" y („dergestalt, gleich=
wohl") bei Gelegenheit der Oper Aschenbrödel; „die sieben

kleinen Kinder" ava, worin vom Theater größere Berücksichtigung des Volksthümlichen, besonders norddeutscher Dialecte gefordert wird; der Artikel ohne Zeichen „Von einem Kinde, das kindlicher Weise ein anderes Kind umbringt", der an eine Anekdote geknüpft eine anerkennende Erwähnung des Vierundzwanzigsten Februar von 3. Werner enthält; das Alles sind mehr oder weniger Anklagen der Direction des Berliner Theaters, in benen sich das feindliche Verhältniß Kleist's und Iffland's abspiegelt.

Endlich gemeinnützigen Inhalts sind die vier Nummern der fünften Abtheilung: „Allerneuester Erziehungsplan", „Entwurf einer Bombenpost" rmz („dergestalt daß"), „Schreiben aus Berlin 15. Oktober" ohne Zeichen („gleichwohl"), „Aëronautik" rm („dergestalt daß"). Der erste Aufsatz trägt freilich nur die Maske der Gemeinnützigkeit, denn er ist eine Satire gegen die neuesten Erziehungsreformatoren; gegen Ende werden Pestalozzi und Zeller namentlich genannt. Schon in seinem Epigramme hatte Kleist den Pädagogen das bittere Wort gesagt:

Setzet, ihr träft's mit eurer Kunst und erzögt uns die Jugend
Nun zu Männern wie ihr: lieben Freunde, was wär's?

Hier stellt er allen Plänen, die zum Heil der Menschheit gemacht werden, den originellen und humoristischen Gedanken entgegen, statt der Tugendschulen zur Abwechselung einmal Lasterschulen zu gründen und durch die Macht des Gegensatzes zu wirken. Daß Kleist der Verfasser sei, obgleich er in den einleitenden Worten und in den Anmerkungen als Kritiker dieser „abentheuerlichen Unternehmung" spöttisch und vorsichtig auftritt, beweist unzweifelhaft der periodisch ausgeführte Stil, namentlich in den erzählenden Episoden, wo er einmal sogar auf sein zeitweiliges Zusammenleben mit seiner Schwester anspielt. Die Unterschrift Levanus ist eine ironische Hinweisung auf Jean Paul's Levana, das Ganze kein geringer Beweis für seine satirische Ader. In den drei folgenden Aufsätzen werden Telegraphie und Post, die Frage, ob der Luftballon gelenkt werden könne, besprochen. Es sind Actenstücke zu Kleist's Leben, der als Techniker und erfindungslustiger Planmacher seine früheren Studien auf dem Gebiete der Naturwissenschaften praktisch zu verwenden sucht.

Eine viel geringere Ausbeute bieten die Abendblätter für die zweite Hauptabtheilung; Beiträge in Versen sind die Ausnahme. Unter den drei Stücken, als deren Verfasser ich Kleist erkenne, sind die beiden Legenden nach Hans Sachs „Gleich und Ungleich" und „der Welt Lauf", ohne Zeichen, Holzschnitte in der Art des alten Meisters, dem nur die Grundzüge angehören, und deren freie Behandlung nicht minder meisterhaft ist." Diese Verse erinnern an das Gedicht der Engel am Grabe des Herrn; nur sind sie, dem Stoffe gemäß, in den humoristischen Ton umgebogen. Der Dialog mit dem regelmäßig eingeschalteten „spricht er", die dramatisch lebendigen Gestalten des tölpelhaften Knechts und der flinken Magd lassen Kleist's Hand nicht verkennen. In den fünf Epigrammen xp und st wechseln, wie in seinen anerkannten, Frage und Antwort; die Distichen sind metrisch hier wie dort gleich unbeholfen.

III.

Ueberblickt man diese Nachträge, so gehören sie, mit Ausnahme der dramatischen, allen Stilgattungen Kleist's an; es sind Erzählungen in Prosa und Versen, Dialoge, Briefe, Betrachtungen. Von einer neuen Seite als Kritiker, bedeutender als Satiriker zeigt er sich; die Grundlage seiner Satire ist der Patriotismus. Für Auffassung komischer Contraste war er kaum minder befähigt als für die Behandlung des tragischen Conflicts, nur ist seine Darstellung des Komischen schroff und gewaltsam wie seine Tragik, es fehlt ihr die Ruhe und Behaglichkeit, die er auf dem Gebiet der Erzählung so trefflich zu bewahren weiß, sie wird für die Charaktere vernichtend, wie im zerbrochenen Kruge, wo man zweifeln kann, ob der Hauptträger des Lustspiels noch komisch sei. Auch hier zeigt sich eine Leidenschaftlichkeit, die zum Ingrimm steigt, sobald persönliche Beweggründe hinzukommen. Wenn ihn die sittlichen Anforderungen, denen gegenüber die Welt so klein und elend erschien, auf die Satire hinleiteten, so drängte ihn seine Leidenschaft darüber hinaus zum Pasquill. Seine Epigramme sind meist rein persönlicher Natur, zu Schutz und Angriff für seine Dichtungen gegen die Kritiker gerichtet; sie sind bitter und heftig. Nach der ungünstigen Aufnahme der Penthesilea und des zerbrochenen Kruges schonte er weder Weimar noch Goethe. Ein Pasquill sondergleichen war sein Brief an Iffland, ein „ungeheurer Witz" von der Art, wie er ihn in der Anekdote aus dem letzten Kriege erzählt hat. Um wie viel tödtlicher mußten seine Pfeile sein, wenn der Zorn für das Vaterland sie entsandte, wenn er die ganze Wucht des Hasses auf den Feind seines Volkes schleuderte.

Wenn man sagen darf, der Mensch trage sein Schicksal in der eigenen Brust, in seinen Anlagen sei es ihm beschieden, so gilt das von ihm. Sehr verschiedene Elemente lagen in seiner Seele neben einander, er bestand gewissermaßen aus mehreren Menschen; bald trat dieser bald jener hervor, oder sie führten unter einander einen dämonischen Krieg, dem er mit einer eisigen Selbstentäußerung zusehen konnte, als sei es ein Spiel fremdartiger Gewalten. Und doch war die Gesammtheit dieser ringenden Kräfte nichts anderes als er selbst. In doppeltem und dreifachem Gegensatze fühlte er sich gegen Welt und Menschen, die er abwechselnd mied, verachtete, haßte und bekämpfte. Eine rastlose Unruhe trieb ihn zum Wirken in welcher Gestalt auch immer; aber ebenso zog es ihn in die abgeschiedenen Räume rein geistiger Arbeit, die ihre Welt aus sich auferbaut. Da lagen wieder zwei Wege vor ihm, beide gleich einladend; für den einen drängte sich ihm der Verstand als Führer auf, während Herz, Gefühl und Phantasie ihn auf den andern locken wollten. Er hatte eine entschiedene Lust am Abstracten, die Dinge sich durch den Schematismus des Verstandes zu unterwerfen, schien ihm der einzig würdige Beruf, und während seine scharfe überall ins einzelne bringende Beobachtung ihm die Welt als eine Masse zusammenhangsloser und doch unfreier Atome zeigte, setzte er ihr den Stolz des unabhängigen Denkers entgegen, der, auf die Allmacht des Gedankens trotzend, sich seine Stelle erobern will. Er ist überzeugt, es sei möglich, das Schicksal zu leiten, aus sich heraus will er seinen Lebensplan bilden;

das Kennzeichen eines freien Menschen, der nach sichern Principien handelt, ist Consequenz, Zusammenhang und Einheit des Betragens. Wer keinen Lebensplan hat, schwankt zwischen unsichern Wünschen und ist eine Puppe am Drahte des Schicksals. Dieser Zustand scheint ihm verächtlich, bei weitem wünschenswerther wäre ihm der Tod. Er wählt die Wissenschaft als Führerin, und welche eher als die Philosophie, die dem bildungsgierigen Jünger Sicherheit des Erkennens und Handelns zugleich verheißt? Aber die Wissenschaft erscheint doch nicht als Philosophie allein, sie spaltet sich in viele Wissenschaften, und seines ersten Entschlusses ungeachtet verfällt er bald dem Zweifel. Am Ende ziehen alle ihn in gleicher Weise an. Soll er nur einer folgen? Aber er kann sich nicht vergraben wie der Maulwurf im Loch, wie die Raupe einspinnen im Blatt. Soll er ruhelos von einer zur andern gehen? Aber ebenso wenig vermag er stets auf der Oberfläche zu schwimmen. Er leidet Tantalusqualen, weil er in seinem Heißhunger nicht alles zugleich verschlingen kann, und voll Widerwillen stößt er die ganze Mahlzeit von sich.

Er sucht die Wahrheit, weil sie Wahrheit ist. Aber ist sie auf diesem Wege zu finden? Was hat ihm die abstracte Wissenschaft nicht verheißen, und was hat sie gehalten? Er wird ein Opfer der Zweifel, die sie erweckt, es scheint ihm unmöglich irgend etwas zu wissen, irgend ein Eigenthum zu erwerben, das uns über das Grab folgt, alles Mühen und Ringen ist vergeblich; ihn ekelt vor Büchern und allem was Wissenschaft heißt, möge man aufgeklärt oder unwissend sein, man hat dabei ebensoviel verloren als gewonnen. Er beklagt die traurige Klarheit, die ihm geworden, die ihm alles, was ihn umgiebt, und ihn selbst in seiner armseligen Blöße zeigt. Der Verstand, die nagende Skeptik haben sich selbst vernichtet: "Jede erste Bewegung, alles Unwillkürliche", ruft er aus, "ist schön, und schief und verschroben alles, sobald es sich selbst begreift. O, der Verstand, der unglückliche Verstand! Studiere nicht zu viel, folge dem Gefühl!" Hatte er doch schon früher bei seinen logischen Studien geseufzt: "nur im Herzen, nur im Gefühle, nicht im Kopfe, nicht im Verstande wohnt das Glück, es kann nicht wie ein mathematischer Lehrsatz bewiesen werden."[22]

Aber noch ein Mittel giebt es, welches den Mann groß macht und über alle Zweifel hinweghebt, es ist Handeln, das besser ist als Wissen; denn "es liegt eine Schuld auf dem Menschen, die wie eine Ehrenschuld jeden, der Ehrgefühl hat, unaufhörlich mahnt." Auch ihn treibt der Ehrgeiz, dieses gefährliche Ding, dessen Folgen für ein empfindliches Gemüth nicht zu berechnen sind. Er durstet nach Thaten und Erfolgen auf irgend einem Felde. Aber wie soll man handeln, wenn man nicht weiß, was recht ist? Wird sich für ihn eine Stelle finden, wo Pflicht und Neigung, That und Einsicht zusammengehen? Umsonst sieht er sich danach um; umsonst klagt er sich des allgemeinen Fehlers der Deutschen an, "deren Verstand durch einige scharfsinnige Lehrer einen Ueberwitz bekommen habe, der sie die alte geheimnißvolle Kraft der Herzen verachten läßt." Umsonst sagt er sich und seinen Lebensplänen zum Trotz: "die Ueberlegung findet ihren Zeitpunkt weit schicklicher nach als vor der That"; die Menschen machen einen falschen Gebrauch von ihr; während sie das Gefühl für künftige Fälle reguliren soll, hemmt sie jetzt nur die That, die sich aus der augenblicklichen Eingebung, nicht aus der Berechnung ergiebt. Er hat Recht, denn die That ist unmittelbar eins, wie Blitz und Schlag; wer wirklich handelt, hat keine Zeit zu rechnen, und wer berechnet, handelt nicht. Doch zum stoßweisen ja gewaltsamen Handeln gebricht es ihm weder an Entschluß noch Kraft; mit dem rasenden Muthe eines verzweifelnden Spielers will er dann alles auf eine Nummer setzen, er greift über sein Ziel hinaus, und was anfangs sorgliche Ueberlegung war, endet als klägliche Uebereilung. Denn was kommt bei allen Erfahrungen heraus? Eines ganzen Lebens bedarf man, um leben zu lernen, Niemand ahnt den Zweck seines Daseins, und die Vernunft reicht nicht hin, die Seele und die Dinge zu begreifen. Und an dieses räthselhafte Ding, „das wir besitzen, wir wissen nicht von wem, das uns fortführt, wir wissen nicht wohin, ob wir darüber schalten dürfen, eine Habe, die nichts werth ist, wenn sie uns etwas werth ist, ein Ding, wie ein Widerspruch, flach und tief, öde und reich, würdig und verächtlich, vieldeutig und unergründlich", an dieses Ding ist der Mensch gefesselt durch Naturnothwendigkeit! Da giebt es keine Verantwortlichkeit, wir mögen thun, was wir wollen, wir thun recht! Fürwahr jene orakelhaften Verse, die in Thun über der Hausthüre zu lesen waren, und die Kleist so liebte:

> Ich komme, ich weiß nicht von wo,
> Ich bin, ich weiß nicht was,
> Ich fahre, ich weiß nicht wohin;

waren sein Lebenszeichen, nur der vierte Vers:

> mich wundert, daß ich so fröhlich bin!

paßte auf ihn nicht."

In der Knechtschaft der Schulmeinungen, die er sich auferlegt hat, vermag sich seine reiche Natur nicht zu entfalten; nun er sie abgeworfen hat, und die Skeptik ihm auch das Handeln verleidet, durchbrechen Gefühl und Phantasie, so lange gewaltsam zurückgehalten, jeden Damm um so mächtiger. Nur seinem Herzen will er folgen, er ist überzeugt, wenn ein Werk nur recht frei aus dem Schooße des menschlichen Gemüths hervorgehe, dann müsse es auch der ganzen Menschheit angehören. Vergessene oder ungeahnte Kräfte regen sich, aus der Fülle lebendiger Anschauungen beginnt die Phantasie ihre schaffende Thätigkeit, er fühlt sich als Schöpfer ideeller Gestalten. Als Künstler winkt ihm jetzt ein höchstes Ziel, der Lorbeer des Dichters, und seinem Namen soll ein Platz unter den Sternen nicht fehlen. Es gehört zu den Dunkelheiten in Kleist's Leben, daß die Zeit, wo er sich der Dichtung entschieden zuwandte, nicht mit Sicherheit festzustellen ist. Im Sommer 1801 in Paris, wohin er vor seinen abstracten Studien geflohen war, angeblich um praktische Zwecke zu verfolgen, einsam im endlosen Menschengewühle, versenkt er sich in seine Phantasien; wie ein stiller Tag nach dem Sturme steigt die Ruhe in seiner Seele wieder auf, und zum ersten Mal verräth er, daß er ein dichterisches Geheimniß habe. Aber der Friede ist nur von kurzer Dauer. Rastlos arbeitet er. Während ihm angstvoll das Höchste zu erreichen, der Schweiß von der Stirne rinnt, und er jeden Blutstropfen seines Herzens für den Buchstaben geben möchte, entflieht die Begeisterung, der Verstand schleicht herbei, und indem er einzelne Mängel aufdeckt, flüstert er ihm hämisch und selbstquälerisch ins Ohr, Vollendung sei ihm doch nicht ge=

geben. Was soll er länger die Kraft an ein Werk setzen, das ihm zu schwer ist? Am Einzelnen geht das Ganze zu Grunde, verzweifelnd zerstört er mit eigener Hand ein Dichterwerk, das auf den höchsten Ruhm Anspruch hat, kaum in irgend einem Augenblicke seines Lebens stolzer als jetzt, wo er vor keinem lebenden Dichter aus den Schranken weicht, sondern sich vor der Größe eines kommenden, ein Jahrtausend im Voraus beugt. Demjenigen, der das ausspricht, was er gewollt hat, ist ein Denkmal gewiß!"

Doch irgendwo muß es auch für ihn einen Balsam geben; schon der bloße Glaube daran stärkt ihn. Aber wo? Mit dem Waffenhandwerk und der Kantischen Philosophie hat er es versucht, mit Hebeln und Schrauben will er die Natur bezwingen, er ist Dichter und will Bauer werden, er will sich frei selbst bestimmen, das Schicksal leiten, und fühlt sich bald als eine jener Drahtpuppen, die er so tief verachtet; überall tritt seinen Plänen ein dunkles Etwas entgegen, das sie mit furchtbarer Dialektik in ihr Gegentheil umwendet und ihn selbst hin- und widerwirft. Mit dem Forschen, Dichten, Handeln hat er es versucht, überall Stück- und Flickwerk gefunden, während seiner Seele das Ganze vorschwebt; abhängig, bedingt in allem fühlt er sich, und nach dem Letzten, Unbedingten geht sein Streben. Da er es nicht findet, stürzt er, der strenge Realist, sich in den Abgrund des mystischen Geheimnisses, wo er das Ganze in seinem Urzusammenhange zu erfassen meint.

Auch das ist ein Räthsel in Kleist's Leben, wann er sich dieser dunkeln Richtung, die ein Ergebniß seiner wachsenden Hoffnungslosigkeit war, zuerst überlassen habe. In den vertraulichen Briefen findet sich kaum eine Spur davon, sie sind nach wie vor im Tone bitterer Verachtung oder rationell scharf gehalten. Auch seine ersten Dichtungen sind weit davon entfernt, die Schroffensteiner in ihrer grausigen Härte durchaus realistisch, ebenso Penthesilea, Robert Guiskard. Nach dem Unglück von 1806 schrieb er noch seine beiden Lustspiele und gleichzeitig die Marquise von O. Dagegen zeigt sich dieser dunkle Schatten zuerst im Kohlhaas, milder im Käthchen von Heilbronn, dessen erste Bruchstücke im Mai 1808 erschienen, und in voller Stärke in den Beiträgen zu den Abendblättern. Der Wendepunkt mag die Gefangenschaft in Frankreich im Frühjahr 1807 gewesen sein; auch hier, in der Einsamkeit seiner Zelle, beschäftigt er sich dichterisch. Aber immer düsterer scheinen sich die Wolken um ihn zusammengezogen zu haben. So zerrten ihn abstracter Verstand und verzehrendes Gefühl, trockner Schematismus und glühende Phantasie, gemeine Deutlichkeit und dunkle Mystik, himmelstürmender Muth und ermattende Verzagtheit einer willenlosen Beute gleich hin und her. Die Phantasie verdunkelte den Verstand, der Verstand hemmte die Phantasie, beide lähmten die Kraft des Handelns, gegenseitig verdarben sie ihr Spiel. Jede allein hätte einen tüchtigen Menschen ausstatten können, sie alle in diesem Maße vereinigt, vernichteten den Besitzer, der für sein Glück zu viel oder zu wenig hatte. Das fühlte er nur allzuwohl; in schmerzlicher Verzweiflung ruft er aus: „Die Hölle gab mir meine halben Talente, der Himmel schenkt dem Menschen ein ganzes oder gar keins!" So ward er immer bitterer gegen die Menschen, die ihn nicht verstehen, nicht verstehen können, denn er versteht sich selber nicht!" Hätte

Kleist, wenn man dieser Betrachtung nachgehen darf, eine große sittliche Kraft in sich getragen, er hätte den Streit seines Innern durch Unterwerfung unter ein oberstes Gesetz zur Ruhe gebracht; hätte er die Selbstbescheidung besessen, ein Talent still anzubauen, sei es, der wissenschaftlichen Forschung, oder, wozu er gewiß viel höhern Beruf hatte, allein der Poesie zu leben, vielleicht daß er gerettet worden wäre!

Diesen Zwiespalt, den er überall wiederfand, hat er in seinen Dichtungen unter verschiedenen Formen dargestellt, jene geheimnißvolle Wandelung, wie Menschen und Verhältnisse in räthselhafter Verkettung ihre ursprüngliche Natur und Freiheit verlieren, um zu werden, was sie nicht werden wollen; Tugenden verkehren sich in Laster, aus der besten Absicht wächst das Verderben empor, und wie zum Hohne menschlicher Weisheit, führt der Frevel zur Versöhnung. Durch den abgeschmackten Aberglauben eines einfältigen Mädchens gehen blutsverwandte Familien in den Schroffensteinern zu Grunde; Penthesilea's heiße Liebe verzerrt sich zum tobbringenden Vampyrismus; Kohlhaas wird durch sein Rechtsgefühl zum Verbrecher und Landschädiger, und für zwei Pferde fallen Menschen und Städte als Sühnopfer; die Selbstverleugnung der jungen Creolin bringt ihr den Tod von der Hand des Geliebten; der ritterliche Kämpfer für Tugend und Recht erliegt im feierlichen Gottesgericht; und im Findling wird der väterliche Wohlthäter von der Schlange, die er im Busen erwärmt hat, zu Tode gestochen. Umgekehrt wird der thierische Frevel in der Marquise v. O. wider aller Menschen Erwarten zur sühnenden Liebe; im Erdbeben von Chili werden durch den Untergang Tausender in einem plötzlichen

Naturereigniß im Augenblicke des Todes der Inquisition ihre Opfer entrissen, freilich um ihn gleich darauf während des Dankgebetes für die wunderbare Rettung desto furchtbarer zu erleiden; und in der heiligen Cäcilie werden die Sünder zu Boden geschmettert, als sie die Hände zum Tempelraube erheben. In der Heilung (I, 3, 2) wird der Wahnsinn durch den Wahnsinn geheilt; und im Grabe der Väter (I, 3, 3) eine Ehe im Grabe geschlossen. Satirisch gewendet erscheint dieselbe Ansicht in dem „allerneuesten Erziehungsplan" (I, 5, 1), der eine Schule der Tugend durch das Laster zu errichten vorschlägt. Milder sind Käthchen von Heilbronn und der Prinz von Homburg. Dort wird der ritterliche Starrsinn durch die reine Natur des einfachen Mädchens unterworfen, hier wird der Prinz träumend ein rettender Schlachtenheld, um wachend in eisiger Todesfurcht zu verzagen. Eine großartige Wendung erhält dieser Gedanke in der Hermannschlacht; aus der tiefsten Knechtschaft erwächst die Freiheit, darin liegt hier zugleich die Versöhnung. Aber überwiegend sind es Nachtstücke, fern von allem Idealismus der classischen Periode.

Ueberhaupt steht Kleist in entschiedenem Gegensatze zu Goethe und Schiller. Ihrer ausgleichenden Classicität setzte er mit kühner Hand den schreienden Zwiespalt, das Grausige in seiner Nacktheit entgegen, den allgemeinen idealen Gestalten derb realistische, dem Antiken das volksthümlich Deutsche, Provinzielle, unbekümmert ob seine Dissonanzen das verwöhnte Ohr zerschnitten, und seine lebenswahre Grobheit dem classisch gebildeten Sinne brutal schien. Goethe's und Schiller's Dichtung war in ihrer Wurzel deutsch, aber doch kosmopolitisch vielseitig; Kleist hat seine Räthsel in deutsche Stoffe und

Charaktere hineingelegt, er war volksthümlich und einseitig. So griff er als vaterländischer Dichter in den großen Kampf der Befreiung ein.

Tiefer Schmerz erfaßte ihn, als er den ungeheuern Sturz aller Verhältnisse überschaute. Schon im Herbst 1806 rief er seiner Schwester zu: „Es wäre schrecklich, wenn dieser Wüthrich sein Reich gründete! Nur ein sehr kleiner Theil der Menschen begreift, was für ein Verderben es ist, unter seine Herrschaft zu kommen. Wir sind die unterjochten Völker der Römer." In diesen Worten liegt der Keim seiner Hermannsschlacht. Er selbst fällt in die Hand des Feindes, mit jedem Siege wächst das Verderben, er zweifelt, ob in hundert Jahren noch Jemand im deutschen Norden deutsch sprechen werde." In dem einen Leiden des Vaterlandes geht jetzt alles Leid, auch das seine auf. Der Ingrimm, der an seinem Herzen wie ein Geier nagt, wendet sich von den kleinen Menschen und Verhältnissen auf die großen und größten, auf den Dämon der Zeit, auf Napoleon den Korsenkaiser. In der erstarkenden Liebe zum alten Vaterlande sammelten sich seine Kräfte noch einmal. Sie war nicht blos ein verneinender Haß gegen das Fremde, für ihn ward sie eine Läuterung, aus der seine Dichtung reiner hervorging, und seine drei großen vaterländischen Dramen erwuchsen. Er hatte wieder ein Ziel gefunden; es war kein willkürliches, durch die großen Ereignisse ward es ihm gegeben, es war die Wiedererweckung des erstorbenen Gefühls für Freiheit und Volksehre. So dichtete er die Hermannsschlacht, ein gewaltiges politisch historisches Doppelbild, das in der Vergangenheit das Unheil der Gegenwart und das Heil der Zukunft im Spiegel der Poesie erscheinen ließ. Seine Römer und Germanen bedeuten Franzosen und Deutsche, und doch sind sie nichts weniger als Typen; es sind Menschen aus dem Volke der Welteroberer und der Urgermanen; gerade hier hat sich die Dichterkraft glänzend bewährt.

Rom und sein Augustus will in Deutschland nur einen Fürsten dulden, „der seinem Thron auf immer sich verbinde." Es kennt diese kleinen Herren, die um ein Wort, einen leeren Vorzug, eine scheinbare Selbständigkeit, die nur durch Demüthigung vor dem fremden Herrscher erkauft werden kann, streiten, und lieber diesem als einem aus ihrer Mitte sich unterwerfen. Sie fallen sich „wie zwei Spinnen" an, und

— Es bricht der Wolf, o Deutschland,
In deine Hürde ein, und deine Hirten streiten
Um eine Hand voll Wolle sich!

Aber das römische Bündniß wird Unterdrückung, die verheißene Freiheit Knechtschaft, das Gebiet der Neutralen wird schonungslos verletzt, „es wird jedwedem Gräuel des Krieges Preis gegeben", und die Abtrünnigen um den Lohn der fluchwürdigen Feigherzigkeit betrogen. Ausgepreßt wird das deutsche Land bis auf den letzten Blutstropfen, denn „für wen erschaffen ward die Welt, wenn nicht für Rom?" Wie Elephant und Seidenwurm zu Roms Schmuck hergeben müssen, was die Natur ihnen verlieh, so der Deutsche; er ist eine Bestie, „die auf vier Füßen in den Wäldern läuft", und ausgeweidet und dann gepelzt wird. Wer erkennte nicht in dem Latler, „der keine andere Volksnatur verstehen konnte und ehren als nur seine" den Franzosen? Napoleon's höhnende Politik, die mit zweizüngiger List die Schwachen umgarnt, Krieg führt mitten im Frieden, das Markten deutscher Fürsten in Paris um Fetzen deutschen Gebiets, das Anfachen der Eifersucht Oesterreichs und Preußens, die Kriecherei der Rheinbündler, das Hinzerren der Schwäche Preußens, die blutige Verwüstung Hessens, Thüringens, der preußischen Lande? Varus mit seinem schneidenden Wort:

>Was bekümmerts mich? Es ist nicht meines Amtes
>Den Willen meines Kaisers zu erspähn.
>Er sagt ihn, wenn er ihn vollführt will wissen;

ist das lebendige Ebenbild jener eisernen Marschälle, Mortier, Ney, Davoust; und Ventibius, der galante Friseurkünste treibt, einer der jüngeren französischen Officiere, die im Boudoir der Damen die gefährlichste Politik geheimer Verführung trieben."

In derselben Stimmung sind die satirischen Briefe entstanden. Nicht entschieden genug können die offnen oder geheimen Bundesgenossen der Feinde im Vaterlande selbst der Verachtung preisgegeben werden. Der rheinbündische Officier, der sich mit dem elenden Troste entschuldigt, ein Deutscher könne seinen Landsleuten im Hauptquartier Napoleon's durch Milderung der Einquartirung die besten Dienste leisten; das Landfräulein, wie Kleist von seiner Thusnelba sagte, eins von den Weiberchen, die einfältig genug sind, „sich von französischen Manieren fangen zu lassen", das den Verführer heirathen will, an dessen Rock das Blut ihrer Brüder und Verwandten klebt; der Festungscommandant, der die Häuser der Bürger verbrennt und die Vertheidigungsmittel aus der Stadt schafft; sie alle waren nur zu getreue Abbilder ganzer Classen von Verräthern. Man wußte ja, welche schmachvollen Eroberungen die Franzosen in den Familien gemacht hatten, und mochten auch manche Schilderungen böswillig übertrieben sein, so war es doch z. B. eine amtlich festgestellte Thatsache, daß eine sechszigjährige Wittwe einen zwanzigjährigen französischen Soldaten heirathete, und zu dessen Gunsten ihren eigenen Sohn enterbte. Was will des Dichters Satire bedeuten gegen diese furchtbarste Satire der Thatsachen? Die Commandanten von Cüstrin und Magdeburg hatten ja kurz vor der Capitulation die Vorstädte niederzubrennen gedroht oder wirklich niedergebrannt; und in dem Königlichen Publicandum vom 6. December 1806 waren sie, und diese ganze Gattung, bezeichnet worden als Knechte, „die ihre Pferde absträngen, um davonzujagen."[20]

War diese Satire zermalmend, so war der Gedanke, die Trugpolitik des Feindes als System darzustellen und die Lügenkünste der französischen Journale nach Lehrsätzen zu entwickeln, vielleicht der geistvollste, den Kleist in dieser Ideenverbindung hatte. Er war im Sinne Swift's gefaßt. Was ein politischer Weiser, der dies Treiben an der Quelle studiert hatte, der Graf Schlabrendorf davon sagte, stellte Kleist systematisch dar: „Es ist gar keine Kunst, eine Unwahrheit zu erfinden. Jeder Flachkopf kann das. Die eigentliche Kunst besteht darin, aus zweien Sätzen, die, jeder einzeln, wahr sind, durch arglistige Zusammenstellung einen dritten herauszubringen, der eine Lüge ist. Das ist die vornehmste Art der Fabulisterei, aber auch zugleich die gemeinste." Oder wie Kleist die Aufgabe stellt: „Alles was in der Welt vorfällt, zu entstellen, und gleichwohl ziemliches Vertrauen zu haben." Mit sarkastischer Folgerichtigkeit entwickelt er den ganzen Vorrath von Trug- und Gewaltmitteln, und der letzte Zweck ist: „die Regierung über allen Wechsel der Begebenheiten hinaus sicher zu stellen, und die Gemüther, allen Lockungen des Augenblickes zum Trotz, in schweigender Unterwürfigkeit unter das Joch derselben niederzuhalten."[30]

Diesen geheimen Künsten des Feindes gegenüber konnte dem Volke nicht eindringlich genug wiederholt werden, was es zu thun habe, um sich aus dem Elende zu retten. Keine Form war dem furchtbaren Humor geeigneter als der Katechismus, der die christlichen Grundwahrheiten als Gebote Gottes lehrt, und in dem Alte und Kinder Trost und Heil suchen. Einige Jahre früher hatten die Gründer der romantischen Schule gar manches zur Religion machen wollen; hier sollte mit der Vaterlandsliebe als Religion Ernst gemacht werden. Hatte der Kosmopolitismus sich der religiösen Weihe gerühmt, so war auch das Volk, das deutsche Volk, die lebendige Darstellung eines Gedankens aus dem göttlichen Geiste, und die Heils- und Rettungslehre vom Vaterlande sollte Alten und Jungen eingeprägt werden.

Ein Mann wie Kleist konnte nur der Partei angehören, die Preußen je eher je besser in den Kampf führen, alles an alles setzen und lieber ruhmvoll untergehen, als schmählich leben wollte. Nur zu Stein, Scharnharst, Gneisenau konnte er stehen, zu den sogenannten Exaltirten, wie damals die deutsche Partei genannt wurde. Volksbewaffnung, Volkskrieg war ihr Gedanke; der Norddeutsche konnte so gut, wie Spanier und Tiroler, sein Joch zertrümmern, Katt, Dörnberg, Schill erhoben sich, das Maß war übervoll, das Volk genug geknechtet, geschmäht, getreten, um endlich in voller Wuth hervorzubrechen. Was Staatsmänner beriethen und Generale vorbereiteten, sprach er 1808 in der Hermannsschlacht als letztes Rettungsmittel aus; wie Gneisenau wollte sein Hermann, die Germanen sollten Weib und Kind zusammenraffen, ihre Güter verkaufen, die Fluren verwüsten, die Heerden erschlagen, die Plätze niederbrennen, denn der That bedarf es, nicht der Verschwörung, Schwätzer mögen Deutschland zu befreien mit Chiffern schreiben und einander Boten senden, die die Römer hängen, er will einen Krieg

> Entflammen, der in Deutschland rasselnd
> Gleich einem dürren Walde um sich greifen
> Und auf zum Himmel lodernd schlagen soll!
> — —
> Die ganze Brut, die in den Leib Germaniens
> Sich eingefilzt, wie ein Insectenschwarm,
> Muß durch das Schwerdt der Rache jetzo sterben.
> — —
> Die Guten mit den Schlechten. Was! Die Guten!
> Das sind die Schlechtesten! Der Rache Keil
> Soll sie zuerst vor allen Andern treffen!

Und das sollte von der Bühne herab verkündet werden; am 1. Januar 1809 sandte Kleist die Hermannsschlacht dem Wiener Burgtheater; sein Schauspiel schien ihm des Erfolges sicher zu sein. Das ist auch der Grundton seines Katechismus."

In sechszehn Capiteln spricht er von Deutschland überhaupt, von der Liebe zum Vaterlande, von der Zertrümmerung des Vaterlandes, vom Erzfeind, von der Erziehung der Deutschen, der Verfassung der Deutschen, den freiwilligen Beiträgen, den obersten Staatsbeamten, vom Hochverrathe. Die fehlenden Capitel handelten augenscheinlich von den Mitteln, den Erzfeind zu bekämpfen, von der Organisation des Kampfes, vom Aufstande des Volks. Auch hier geht er von der Gegenwart aus. Auf der Karte giebt es seit 1805 kein Deutschland mehr. „Wo find ich dies Deutschland? wo liegt es?" lautet die bittere Frage. Dennoch hat es ein unverlierbares Dasein in der Liebe derer, die ihm anhangen, weil es das Vaterland ist. Aber es ist zertrümmert worden von dem Korsenkaiser, den die Deutschen nie beleidigt haben, und der sie mitten im Frieden unterjocht. Und warum that er es? „Weil er ein böser Geist ist, der Erzfeind, der Anfang alles Bösen, das Ende alles Guten!" So braust der Strom eines vernichtenden Zornes hin, der umsonst nach Ausdrücken und Bildern sucht, durch die seine ganze Fülle sich ergießen könne. Der Deutsche soll sich vergegenwärtigen, was er gelitten habe, des Morgens, wenn er sich vom Lager erhebt, des Abends, wenn er zur Ruhe geht; die höchsten Güter, die Gott dem Menschen verliehen, „Gott, Vaterland, Kaiser, Freiheit, Liebe und Treue, Schönheit, Wissenschaft und Kunst" soll er wieder erringen, den Erzfeind hassen, aus allen Kräften bekämpfen, alles entbehren, alles opfern, und wenn auch kein Mensch am Leben bliebe, dennoch müßte gekämpft werden, „weil es Gott lieb ist, wenn Menschen ihrer Freiheit wegen sterben, weil es ihm ein Gräuel ist, wenn Sclaven leben!"

So predigte er die Religion der volksthümlichen Selbständigkeit, des nationalen Hasses, so dachten und sprachen Stein, Blücher, Fichte. „Man muß der Nation das Gefühl der Selbständigkeit einflößen", schrieb Scharnhorst an Clausewitz, „man muß ihr Gelegenheit geben, daß sie mit sich selbst bekannt wird, daß sie sich ihrer selbst annimmt; nur erst dann wird sie sich selbst achten, und von Andern Achtung zu erzwingen wissen!" Und Stein an Wittgenstein: „Die Erbitterung nimmt in Deutschland täglich zu, und es ist rathsam, sie zu nähren und auf die Menschen zu wirken. — Die spanischen Angelegenheiten machen einen sehr lebhaften Eindruck und beweisen handgreiflich, was wir längst hätten glauben sollen. Es wird sehr nützlich sein, sie möglichst auf eine vorsichtige Art zu verbreiten." Endlich Blücher: „Mein Rath ist zu den Waffen unsere und die ganze deutsche Nation aufzuruffen, den vaterländischen boden zu verteibigen, die waffen im allgemeinen nicht ehender nieder zu legen, bis ein Volck, daß uns unterjochen wollte, vom dießseitigen Reinufer vertrieben sei; jeder deutsche der mit den waffen wider uns getroffen werde, habe den Tod verwürkt; ich weiß nicht, warum wihr uns nicht den Tihrollern und Spaniern gleich achten wollen!" So der Held, der Staatsmann, der Dichter.

Doch dazu waren in Preußen die Dinge noch nicht reif; aber um so mächtiger erhob sich Oesterreich, das, seiner alten Natur entsagend, sich an die Kraft des Volkes wandte. Wie zündende Funken schlugen die Aufrufe des Kaisers und des Erzherzogs Karl ein, als deren Verfasser man Friedrich Schlegel und Genz nannte. „Wir kämpfen", sagte der Erzherzog in seinem Aufruf an die deutsche Nation, „um die Selbstständigkeit der österreichischen Monarchie zu behaupten, um Deutschland die Unabhängigkeit und National-Ehre wieder zu verschaffen, die ihm gebühren. Dieselben Anmaßungen, die uns jetzt bedrohen, haben Deutschland bereits gebeugt. Unser Widerstand ist seine letzte Stütze zur Rettung. Unsere Sache ist die Sache Deutschlands!" Und in einem andern: „Die Masse der Nation selbst hat sich in ihrem gerechten Unwillen erhoben und die Waffen ergriffen! — Der jetzige Augenblick kehrt nicht zurück in Jahrhunderten! Ergreift ihn, damit er nicht für Euch auf immer entfliehe! Ahmet Spaniens großes Beispiel nach! — Zeiget, daß auch Euch Euer Vaterland und eine selbständige deutsche Regierung und Gesetzgebung theuer sei, daß Ihr Entschluß und Kraft habt, es aus der entehrenden Sclaverei zu reißen, es frei, nicht unter fremdem Joche erniedrigt, Euren Kindern zu hinterlassen."³² Noch einmal erhoben die Habsburger das Banner des deutschen Volkes, sie gaben das Zeichen zum Kampf, und noch einmal leuchteten das alte Kaiserthum, das alte Reich in einem zauberischen Glanze volksthümlicher Größe, den sie seit dem Untergange der Hohenstaufen in Wirklichkeit nie gehabt hatten. Die Vergangenheit enthielt was die Zukunft versprach, was der Gegenwart fehlte. Daher, wie bei vielen Andern, die zum österreichischen Heere eilten, auch bei Kleist, dem Brandenburger, die Begeisterung für Oesterreich, für Franz den Zweiten, den alten Kaiser, den Vormund, Vater und Wiederhersteller der Deutschen, „der den großmüthigen Kampf für das Heil des unterdrückten und bisher noch wenig dankbaren Deutschland unternommen hat"; für den Erzherzog Karl, der „die göttliche Kraft das Werk an sein Ziel hinaus zu führen dargethan hat."

Wohin dieser Kampf für Gottes heilige Ordnung endlich führen mußte, ahnte er; wie der Deutsche zum Deutschen zurückkehren, alle sich gemeinsam umwenden würden gegen den Feind, den Rhein ereilen, um „dann nach Rom selbst auf-

zubrechen, wir oder unsere Enkel", damit der Weltkreis endlich
Ruhe gewinne. Ueber diese Erfüllung hinaus sah er einen
Herrscher an der Spitze des Vaterlands, von dem er im
Prinzen von Homburg sagte:

> Das wird sich ausbaun herrlich, in der Zukunft,
> Erweitern unter Enkels Hand, verschönern,
> Mit Zinnen, üppig, feenhaft, zur Wonne
> Der Freunde und zum Schrecken aller Feinde.³⁸

So eilte sein Seherblick über fünf verhängnißvolle Jahre
fort; in seinem Prinzen von Homburg ahnte er den künftigen
York und nahm die Siege von 1813 und 1815 voraus. Doch
nicht so gut wie seinem Helden ward es ihm selbst. Den
Glauben an den Sieg der ewigen Mächte, der den Dichter
begeisterte, vermochte der Mensch nicht festzuhalten, und sein
Zweifel führte ihn in den Tod. Weil sein Dichterglaube der
Zeit voraneilte, verließen ihn die Zeitgenossen; und kraftlos
schien sein Wort zu verhallen. Die Hermannsschlacht, der
Prinz von Homburg kamen nicht zur Darstellung, nicht ein=
mal zum Druck; seine Aufrufe, die ganz Deutschland galten,
mußte er bei verschlossenen Thüren vorlesen, dann wurden sie
vergessen. Er hatte gehofft, jetzt werde Deutschland sich er=
heben, es erhob sich nicht; er hatte gehofft, jetzt werde Oester=
reich siegen, es ward geschlagen. Auch die Hoffnung auf die
Rettung des Vaterlandes, an der er sich noch einmal aufge=
richtet hatte, scheiterte, und er mit ihr. Hätte er sterben können
auf dem Schlachtfelde, mit dem Degen in der Faust, wie sein
Vorfahr Ewald von Kleist, wie Theodor Körner, er wäre glück=
lich gewesen. Er ist gefallen wie Schill, weil es noch nicht
an der Zeit war; aber nicht wie der Held, dessen Untergang

noch ein Sieg ist, sondern im Streite mit sich selbst. Zu seinem Verderben reichen sich jetzt Phantasie und Verstand die Hände, die Verzweiflung, die ihm von jener ausgemalt wird, beweist ihm dieser, und mit trügerisch kalter Ueberlegung, die er unaussprechliche Heiterkeit nennt, wird er fremden Blutes schuldig und giebt sich dann den Tod. Voreilig greift er in sein Geschick, beraubt sich des Höchsten, was er ersehnt hat, und in tragischer Ueberstürzung endet der tragische Dichter.

Kleist hat sich selbst gerichtet, aber seine Stelle in der Litteratur und Geschichte unseres Volkes bleibt ihm unvergänglich. Jene Zeit hat seinen Mahnruf überhört; desto eindringlicher tönt er zu uns herüber; es ist die Stimme des Propheten, die sich nach mehr als fünfzig Jahren warnend aus dem Grabe erhebt. Oder hätten wir etwa Veranlassung, sie heute zu überhören? Wäre sie wirklich nur ein geschichtliches Zeugniß vergangener Zeiten? Wollte Gott, wir könnten es sagen! Noch ist der Uebermuth bei uns zu Hause, noch treiben wir Handel und Wandel im Schweiße des Angesichts, während andere die Früchte deutscher Arbeit genießen; noch hadern die Hirten um eine Hand voll Wolle, noch gilt das Ganze als Verrath am Einzelnen, und jeder Zoll will ein König sein. Wieder haben sich die Epigonen der Eroberer erhoben und werfen ihre lüsternen Blicke auf die deutsche Erde, wieder spinnt die Trugpolitik die unsichtbaren zähen Fäden ihres Netzes, wieder heulen die Wölfe an den deutschen Marken. Sollte das alte Chaos je wiederkehren? Wäre das möglich nach so vielen Opfern, schweren Kämpfen und schmerzlichen Erfahrungen? Nimmermehr! Auch Völker lernen aus der Geschichte, nur langsamer als der Einzelne; schwerer hat keines dafür gezahlt, als das deutsche. Möge es durch die That zeigen, es habe Kleist's großes Wort endlich erkennen gelernt:

„Vergebt, vergeßt, versöhnt, umarmt und liebt euch!"

Nachtrag

zu

Heinrich von Kleist's Werken.

I. Prosa.

1. Politische Satiren.

1. Brief eines rheinbündischen Officiers an seinen Freund.¹

Auf meine Ehre, mein vortrefflicher Freund, Sie irren sich. Ich will ein Schelm sein, wenn die Schlacht von Jena, wie Sie zu glauben scheinen, meine politischen Grundsätze verändert hat. Lassen Sie uns wieder einmal nach dem Beispiel des schönen Sommers von 1806 ein patriotisches Convivium veranstalten (bei Sala schlag ich vor,² er hat frische Austern bekommen und sein Burgunder ist vom Beßten), so sollen Sie sehen, daß ich noch ein ebenso enthousiastischer Anhänger der Deutschen bin wie vormals. Zwar der Schein, ich gestehe es, ist wider mich. Der König hat mich nach dem Frieden bei Tilsit auf die Verwendung des Reichsmarschalls Herzogs von Auerstädt,³ dem ich einige Dienste zu leisten Gelegenheit [hatte],⁴ zum Obristen avancirt. Man hat mir das Kreuz der Ehrenlegion zugeschickt, eine Auszeichnung, mit welchem ich, wie Sie selbst einsehen, öffentlich zu erscheinen, nicht unterlassen kann; ich würde den König, dem ich diene, auf eine zwecklose Weise dadurch compromittiren.

Aber was folgt daraus? Meinen Sie, daß diese Armseeligkeiten mich bestimmen werden, die große Sache, für die die Deutschen fechten, aus den Augen zu verlieren? Nimmermehr! Laſſen Sie nur den Erzherzog Carl, der jetzt ins Reich vorgerückt iſt, ſiegen, und die Deutſchen, ſowie er es von ihnen verlangt hat, en masse aufſtehen, ſo ſollen Sie ſehen, wie ich mich alsdann entſcheiden werde."

Muß man denn den Abſchied nehmen und zu den Fahnen der Oeſterreicher übergehen, um dem Vaterlande dieſen Augenblick nützlich zu ſein? Mit nichten! Ein Deutſcher, der es redlich meint, kann ſeinen Landsleuten in dem Lager der Franzoſen ſelbſt, ja in dem Hauptquartier des Napoleon, die wichtigſten Dienſte thun. Wie mancher kann der Requiſition an Fleiſch oder Fourage vorbeugen; wie manches Elend der Einquartirung mildern?

Ich bin mit wahrer Freundſchafft u. ſ. w.

N. S.

Hierbei erfolgt feucht, wie es eben der Courier überbringt, das erſte Bülletin der franzöſiſchen Armee. Was ſagen Sie dazu? Die Öſterreichiſche Macht total pulveriſirt, alle Corps der Armee vernichtet, drei Erzherzöge todt auf dem Platz!" — Ein verwünſchtes Schickſal! Ich wollte ſchon zur Armee abgehn. Herr von Montesquiou, hat, wie ich höre, das Bülletin nunmehr anhero gebracht, und iſt dafür von Sr. Majeſtät mit einer Tabatiere, ſchlecht gerechnet 2000 Ducaten an Werth beſchenkt worden.

2. **Brief eines jungen märkiſchen Landfräuleins an ihren Onkel.**

Theuerſter Herr Onkel,

Die Regungen der kindlichen Pflicht, die mein Herz gegen Sie empfindet, bewegen mich, Ihnen die Meldung zu thun, daß ich mich am 8ten d. von Verhältnissen, die ich nicht nennen kann, gedrängt, mit dem jungen Hrn. Lefat, Capitain bei dem 9. französischen Dragonerregiment, der in unserm Hause zu P... einquartiert war, verlobt habe.¹

Ich weiß, gnädigster Onkel, wie Sie über diesen Schritt denken. Sie haben sich gegen die Verbindungen, die die Töchter des Landes, so lange der Krieg fortwährt, mit den Individuen des französischen Heers vollziehn, oftmals mit Heftigkeit und Bitterkeit erklärt. Ich will Ihnen hierin nicht ganz Unrecht geben. Man braucht keine Römerinn oder Spartanerinn zu sein, um das Verletzende, das allgemeine betrachtet darin liegen mag, zu empfinden. Diese Männer sind unsere Feinde; das Blut unserer Brüder und Verwandten klebt, um mich so auszudrücken, an ihren Röcken, und es heißt sich gewissermaßen, wie Sie sehr richtig bemerken, von den Seinigen lossagen, wenn man sich auf die Parthei derjenigen herüber stellt, deren Bemühen ist sie zu zertreten, und auf alle ersinnliche Weise zu verderben und zu vernichten.

Aber sind diese Männer, ich beschwöre Sie, sind sie die Urheber des unseeligen Kriegs, der in diesem Augenblick zwischen Franzosen und Deutschen entbrannt ist? Folgen sie nicht, der Bestimmung eines Soldaten getreu, einem blinden Gesetz der Nothwendigkeit, ohne selbst oft die Ursach des Streits, für den sie die Waffen ergreifen, zu kennen? Ja, giebt es nicht Einzelne unter ihnen, die den rasenden Heereszug, mit welchem Napoleon von Neuem das deutsche Reich überschwemmt, verabscheuen, und die das arme Volk, auf dessen Ausplünderung und Unterjochung es angesehen ist, aufs Innigste bedauern und bemitleiden?

Vergeben Sie, mein theuerster und beßter Oheim! Ich sehe die Röthe des Unwillens auf Ihre Wangen treten! Sie glauben, ich weiß, Sie glauben an diese Gefühle nicht; Sie halten Sie für die Erfindung einer satanischen List, um das Wohlwollen der armen Schlachtopfer, die sie zur Bank führen, gefangen zu nehmen. Ja, diese Regung, selbst wenn sie vorhanden wäre, versöhnt Sie nicht, Sie halten den Ihrer doppelten Rache für würdig, der das Gesetz des göttlichen Willens anerkennt und gleichwol auf eine so lästerliche und höhnische Weise zu verletzen wagt.

Allein, wenn die Ansicht, die ich aufstellte, allerdings nicht gemacht ist, die Männer, die das Vaterland eben vertheidigen, zu entwaffnen, indem sie unmöglich, wenn es zum Handgemenge kömmt, sich auf die Frage einlassen können, wer von denen, die auf sie anrücken, schuldig ist oder nicht: so verhält es sich doch, mein gnädigster Onkel, mit einem Mädchen anders; mit einem armen schwachen Mädchen, auf dessen leicht bethörte Sinne, in der Ruhe eines monatlangen Umgangs, alle Liebenswürdigkeiten der Geburt und der Erziehung einzuwirken Zeit finden, und das, wie man leider weiß, auf die Vernunft nicht mehr hört, wenn das Herz sich bereits für einen Gegenstand entschieden hat.

Hier lege ich Ihnen ein Zeugniß bei, das Hr. v. Lefat sich auf die Forderung meiner Mutter von seinem Regimentschef zu verschaffen gewußt hat. Sie werden daraus ersehen, daß das, was uns ein Feldwebel von seinem Regiment von ihm sagte, nämlich daß er schon verheirathet sei, eine schändliche und niederträchtige Verläumbung war. Hr. v. Lefat ist selbst vor einigen Tagen in B.— gewesen, um das Attest, daß die Declaration vom Gegentheil enthält, formaliter von seinem Obristen ausfertigen zu lassen. Ueberhaupt muß ich Ihnen sagen, daß die niedrige Meinung, die man hier in der ganzen Gegend von diesem jungen Manne hegt, mein Herz auf das Empfindlichste kränkt. Der Leidenschaft, die er für mich fühlt, und die ich als wahrhaft zu erkennen, die entscheidendsten Gründe habe, wagt man die schändlichsten Absichten unterzulegen. Ja, mein voreiliger Bruder geht soweit mich zu versichern, daß der Obrist, sein Regimentschef, gar nicht mehr in B.— sei —, und ich bitte Sie, der Sie sich in B.— aufhalten, dem Ersteren darüber nach angestellter Untersuchung die Zurechtweisung zu geben. Ich leugne nicht, daß der Vorfall, der sich vor einiger Zeit zwischen ihm und der Kammerjungfer meiner Mutter zutrug, einige Unruhe über seine sittliche Denkungsart zu erwecken geschickt war. Abwesend, wie ich an diesem Tage von P.— war, bin ich gänzlich außer Stand über die Berichte dieses albernen und eingebildeten Geschöpfs zu urtheilen. Aber die Beweise, die er mir, als ich zurückkam und in Thränen auf mein Bette sank, von seiner ungetheilten Liebe gab, waren so eindringlich, daß ich die ganze Erzählung als eine elende Vision verwarf, und von der innigsten Reue bewegt, das Band der Ehe, von dem bis dahin noch nicht die Rede gewesen war, jetzt allererst knüpfen zu müssen glaubte. — Wären sie es weniger gewesen, und Ihre Laura noch frei und ruhig wie zuvor!

Kurz, mein theuerster und beßter Onkel, retten Sie mich!

In 8 Tagen soll, wenn es nach meinen Wünschen geht, die Vermählung sein.

Inzwischen wünscht Hr. v. Lefat, daß die Anstalten dazu, auf die meine gute Mutter bereits in zärtlichen Augenblicken denkt, nicht eher auf entscheidende Weise gemacht werden, als bis Sie die Güte gehabt haben ihm das Legat zu überantworten, das mir aus der Erbschaft meines Großvaters bei dem Tode desselben zufiel, und Sie, als mein Vormund bis heute gefälligst verwalteten. Da ich großjährig bin, so wird diesem Wunsch nichts im Wege stehn, und indem ich es mit meiner zärtlichsten Bitte unterstütze, und auf die schleunige Erfüllung desselben antrage, indem sonst die unangenehmste Verzögerung davon die Folge sein würde, nenne ich mich mit der innigsten Hochachtung und Liebe u. s. w.

3. Schreiben eines Burgemeisters in einer Festung an einen Unterbeamten.

Sr. Excellenz der Hr. Generallieutenant von F., Commendant der hiesigen Garnison, haben sich auf die Nachricht, daß der Feind nur noch drey Meilen von der Festung stehe, auf das Rathhaus verfügt, und daselbst, in Begleitung eines starken Detaschements von Dragonern, 3000 Pechkränze verlangt, um die Vorstädte, die das Glacis embarrassiren, danieder zu brennen.

Der Rath der Stadt, der unter solchen Umständen das Ruhmvolle dieses Entschlusses einsah, hat, nach Abführung einiger renitirenden Mitglieder, die Sache in pleno erwogen, und mit einer Majorität von 3 gegen 2 Stimmen, wobei meine wie gewöhnlich für 2 galt, und Sr. Excellenz die 3 supplirten, die verlangten Pechkränze ohne Bedenken bewilligt. Inzwischen ist nun die Frage, und wir geben Euch auf Euch gutachtlich darüber auszulassen,

1. Wie viel an Pech und Schwefel, als den dazu gehö= rigen Materialien, zur Fabrication von 3000 Pech= kränzen erforderlich sind; und
2. ob die genannten Combustibeln in der berechneten Menge zur gehörigen Zeit herbeizuschaffen sind?

Unseres Wissens liegt ein großer Vorrath von Pech und Schwefel bei dem Kaufmann M. in der N..schen Vorstadt, P..sche Gasse Num. 139.

Inzwischen ist dies ein auf Bestellung der Dänischen Regierung aufgehäufter Vorrath, und wir besitzen bereits, in Relation wie wir mit derselben stehen, den Auftrag dem Kaufmann M. den Marktpreis davon mit 3000 fl. zuzuferti= gen. Indem wir Euch nun, diesem Auftrage gemäß, die besagte Summe für den Kaufmann M. in guten Landes= papieren, demselben auch sechs Wägen oder mehr und Pässe, und was immer zur ungesäumten Abführung der Ingredien= zen an den Hafen=Platz erforderlich sein mag,' bewilligen, beschließen wir zwar von diesem Eigenthum der Dänischen Regierung Behufs einer Niederbrennung der Vorstädte keine Notiz zu nehmen; indessen habt Ihr das gesammte Personale der untern Polizeibeamten zusammenzunehmen, und alle Gewölbe und Läden der Kauf= und Gewerksleute, die mit diesen Combustibeln handeln oder sie verarbeiten, aufs Strengste und Eigensinnigste zu durchsuchen, damit, dem Entschluß Sr. Excellenz gemäß, unverzüglich die Pechkränze verfertigt und mit Debarrassirung des Glacis verfahren werden möge.

Nichts ist nothwendiger, als in diesem Augenblick der herannahenden Gefahr Alles aufzubieten, und kein Opfer zu scheuen, das im Stande ist dem Staat diesen für den Erfolg des Kriegs höchst wichtigen Platz zu behaupten. Sr. Excellenz haben erklärt, daß wenn ihr auf dem Markt befindlicher Pallast vor dem Glacis läge, sie denselben zuerst niederbrennen und unter den Thoren der Vestung übernachten würden. Da nun unser, sowohl des Burgemeisters, als auch Euer, des Unterbeamten, Haus, in dem angegebenen Fall sind, indem sie von der O...schen Vorstadt her mit ihren Gärten und Nebengebäuden das Glacis beträchtlich embarrassiren, so wird es bloß von Euren Recherchen und von dem Bericht abhangen, den Ihr darüber abstatten werdet, ob wir den Andern ein Beispiel zu geben, und den Pechkranz zuerst auf die Giebel derselben zu werfen haben.

Sind in Gewogenheit u. s. w.

4. Brief eines politischen Pescherü über einen Nürnberger Zeitungsartikel.

Erlaube mir, Vetter Pescherü, daß ich Dir in der verwirrten Sprache, die kürzlich ein Deutscher mich gelehrt hat, einen Artikel mittheile, der in einer Zeitung dieses Landes, wenn ich nicht irre, im Nürnberger Correspondenten gestanden hat, und den ein Grönländer, der in Island auf einem Kaffeehause war, hierher gebracht hat. Der Zeitungsartikel ist folgenden sonderbaren Inhalts:[1]

„Es sind nicht sowohl die Franzosen, welche die Freiheitsschlacht, die bei Regensburg gefochten ward, entschieden haben, als vielmehr die Deutschen selbst. Der tapfere Kronprinz von Bayern hat zuerst an der Spitze der rheinbündischen Truppen die Linien der Oesterreicher durchbrochen. Der Kaiser Napoleon hat ihn am Abend der Schlacht auf dem Wahlplatz umarmt, und ihn den Helden der Deutschen genannt."[2]

Ich versichere Dich, Vetter Pescherü, ich bin hinausgegangen auf den Sandhügel, wo die Sonne brennt, und habe meine Nase angesehen stundenlang, und wieder stundenlang, ohne im Stande gewesen zu sein den Sinn dieses Zeitungsartikels zu erforschen. Er verwischt Alles, was ich über die Vergangenheit zu wissen meine, dergestalt, daß mein Gedächtniß wie ein weißes Blatt aussieht, und die ganze Geschichte derselben von Neuem darin angefrischt werden muß.

Sage mir also, ich bitte Dich:

1. Ist es der Kaiser von Oesterreich, der das deutsche Reich im Jahre 1805 zertrümmert hat?[3]

2. Ist er es, der den Buchhändler Palm erschießen ließ, weil er ein dreistes Wort über diese Gewaltthat in Umlauf brachte?[4]

3. Ist er es, der durch List und Ränke die deutschen Fürsten entzweite, um über die Entzweiten nach der Regel des Cäsar zu herrschen?

4. Ist er es, der den Kurfürsten von Hessen ohne Kriegserklärung aus seinem Lande vertrieb, und einen Handlungscommis — wie heißt er schon? — der ihm verwandt war, auf den Thron desselben setzte?[5]

5. Ist er es, der den König von Preußen, den ersten Gründer seines Ruhms, in dem undankbarsten und ungerechtesten Kriege zu Boden geschlagen hat, und auch selbst nach

dem Frieden noch mit seinem grimmigen Fuß auf dem Nacken
desselben verweilte?"

6. Ist es dagegen der Kaiser Napoleon, der durch un=
glückliche Feldzüge erschöpft, die deutsche Krone auf das Macht=
wort seines Gegners niederzulegen genöthigt war?⁷

7. Ist er es, der mit zerrissenem Herzen Preußen, den
letzten Pfeiler Deutschlands, sinken sah, und, so zerstreut seine
Heere auch waren, herbei geeilt sein würde ihn zu retten,
wenn der Friede von Tilsit nicht abgeschlossen worden wäre?⁸

8. Ist er es, der dem betrogenen Kurfürsten von Hessen
auf der Flucht aus seinen Staaten einen Zufluchtsort in den
seinigen vergönnt hat?⁹

9. Ist er es endlich, der sich des Elends, unter welchem
die Deutschen seufzen, erbarmt hat, und der nun, an der Spitze
der ganzen Jugend, wie Anteus, der Sohn der Erde, von
seinem Fall erstanden ist, um das Vaterland zu retten?

Vetter Pescherü, vergieb mir diese Fragen; ein Europäer
wird ohne Zweifel, wenn er den Artikel liest, wissen was er
davon zu halten hat. Einem Pescherü aber müssen, wie Du
selbst einsiehst, alle die Zweifel kommen, die ich Dir vor=
getragen habe.

Bekanntlich drücken wir mit dem Wort Pescherü Alles
aus, was wir empfinden oder denken, drücken es mit einer
Deutlichkeit aus, die den andern Sprachen der Welt fremd
ist. Wenn wir z. B. sagen wollen: es ist Tag, so sagen
wir: Pescherü; wollen wir hingegen sagen: es ist Nacht, so
sagen wir: Pescherü. Wollen wir ausdrücken: dieser Mann
ist redlich, so sagen wir: Pescherü; wollen wir hingegen ver=
sichern: er ist ein Schelm, so sagen wir: Pescherü. Kurz,

Peſcherü drückt den Inbegriff aller Erſcheinungen aus, und eben darum, weil es Alles ausdrückt, auch jedes Einzelne.

Hätte doch der Nürnberger Zeitungsſchreiber in der Sprache der Peſcherüs geſchrieben! Denn ſetze einmal der Artikel lautete alſo Peſcherü, ſo würde Dein Vetter[10] nicht einen, nicht einen Augenblick bei ſeinem Inhalt angeſtoßen ſein. Er würde alsdann mit völliger Beſtimmtheit und Klarheit alſo geleſen haben:

„Es ſind nicht ſowohl die Franzoſen, welche die Schlacht, die das deutſche Reich dem Napoleon überliefern ſollte, gewonnen haben, als vielmehr die bemitleidenswürdigen Deutſchen ſelbſt. Der entartete Kronprinz von Bayern hat zuerſt an der Spitze der rheinbündiſchen Truppen die Linien der braven Oeſterreicher, ihrer Befreier, durchbrochen. „Sie ſind der Held der Deutſchen!" rief ihm der Verſchlagenſte der Unterdrücker zu; aber ſein Herz ſprach heimlich: „ein Verräther biſt Du, und wenn ich Dich werde gebraucht haben, wirſt Du abtreten!"

5. Die Bedingung des Gärtners.
Eine Fabel.

Ein Gärtner ſagte zu ſeinem Herrn: „Deinem Dienſt habe ich mich nur innerhalb dieſer Hecken und Zäune gewidmet. Wenn der Bach kommt und deine Frucht-Beete überſchwemmt, ſo will ich mit Hacken und Spaten aufbrechen, um ihm zu wehren; aber außerhalb dieſes Bezirkes zu gehen, und, ehe der Strom noch einbricht, mit ſeinen Wogen zu kämpfen, das kannſt du nicht von deinem Diener verlangen."

Der Herr ſchwieg.

Und drei Frühlinge kamen und verheerten mit ihren Gewässern das Land. Der Gärtner triefte von Schweiß, um dem Geriesel,¹ das von allen Seiten einbrang, zu steuern; umsonst; der Seegen des Jahrs, wenn ihm die Arbeit auch gelang, war verderbt und vernichtet.

Als der vierte kam, nahm er Hacken und Spaten und gieng auf's Feld.

„Wohin?" fragte ihn sein Herr.

„Auf das Feld, antwortete er, wo das Uebel entspringt. Hier thürm' ich Wälle von Erde umsonst, um dem Strom, der brausend hereinbricht, zu wehren: an der Quelle kann ich ihn mit einem Fußtritt verstopfen."

Landwehren von Oesterreich! Warum wollt ihr bloß innerhalb eures Landes fechten?²

6. Lehrbuch der französischen Journalistik.

Einleitung.

§ 1.

Die Journalistik überhaupt ist die treuherzige und unverfängliche Kunst das Volk von dem zu unterrichten, was in der Welt vorfällt. Sie ist eine gänzliche Privatsache, und alle Zwecke der Regierung, sie mögen heißen wie man wolle, sind ihr fremd. Wenn man die französischen Journale mit Aufmerksamkeit liest, so sieht man, daß sie nach ganz eignen Grundsätzen abgefaßt worden, deren System man die französische Journalistik nennen kann. Wir wollen uns bemühen den Entwurf dieses Systems, so wie es etwa im geheimen Archiv zu Paris liegen mag, hier zu entfalten.

Erklärung.

§ 2.

Die französische Journalistik ist die Kunst das Volk glauben zu machen, was die Regierung für gut findet.

§ 3.

Sie ist bloß Sache der Regierung, und alle Einmischung der Privatleute, bis selbst auf die Stellung vertraulicher Briefe, die die Tages-Geschichte betreffen, verboten.

§ 4.

Ihr Zweck ist die Regierung über allen Wechsel der Begebenheiten hinaus sicher zu stellen, und die Gemüther, allen Lockungen des Augenblicks zum Trotz, in schweigender Unterwürfigkeit unter das Joch derselben niederzuhalten.

Die zwei obersten Grundsätze.

§ 5.

Was das Volk nicht weiß, macht das Volk nicht heiß.

§ 6.

Was man dem Volke dreimal sagt, hält das Volk für wahr.

Anmerkung.

§ 7.

Diese Grundsätze könnte man auch Grundsätze des Talleyrand nennen. Denn ob sie gleich nicht von ihm erfunden sind, so wenig wie die mathematischen von dem Euklid: so ist er doch der Erste, der sie für ein bestimmtes und schlußgerechtes System in Anwendung gebracht hat.

Aufgabe.

§ 8.

Eine Verbindung von Journalen zu redigiren, welche
1. Alles, was in der Welt vorfällt, entstellen, und gleichwohl
2. ziemliches Vertrauen haben?

Lehrsatz zum Behuf der Auflösung.

Die Wahrheit sagen heißt allererst die Wahrheit ganz und nichts als die Wahrheit sagen.

Auflösung.

Also redigire man zwei Blätter, deren Eines niemals lügt, das Andere aber die Wahrheit sagt: so wird die Aufgabe gelößt sein.

Beweis.

Denn weil das Eine niemals lügt, das Andere aber die Wahrheit sagt, so wird die zweite Forderung erfüllt sein. Weil aber jenes verschweigt was wahr ist, und dieses hinzusetzet was erlogen ist, so wird es auch, wie jedermann zugestehen wird, die erste sein. q. e. d.

Erklärung.

§ 9.

Dasjenige Blatt, welches niemals lügt, aber hin und wieder verschweigt was wahr ist, heißt der Moniteur, und erscheine in officieller Form; das Andere, welches die Wahrheit sagt, aber zuweilen hinzuthut was erstunden und erlogen ist, heiße Journal de l'Empire, oder auch Journal de Paris, und erscheine in Form einer bloßen Privat=Unternehmung.

Eintheilung der Journalistik.

§ 10.

Die französische Journalistik zerfällt in die Lehre von der Verbreitung 1. wahrhaftiger, 2. falscher Nachrichten. Jede Art der Nachricht erfordert einen eigenen Modus der Verbreitung, von welchem hier gehandelt werden soll.

Cap. I.
Von den wahrhaftigen Nachrichten.

Art. 1.
Von den guten.

Lehrsatz.

§ 11.

Das Werk lobt seinen Meister.

Beweis.

Der Beweis für diesen Satz ist klar an sich. Er liegt in der Sonne, besonders wenn sie aufgeht; in den ägyptischen Pyramiden; in der Peterskirche; in der Madonna des Raphael, und in vielen andern herrlichen Werken der Götter und Menschen.

Anmerkung.

§ 12.

Wirklich und in der That: man mögte meinen, daß dieser Satz sich in der französischen Journalistik [nicht] findet. Wer die Zeitungen aber mit Aufmerksamkeit gelesen hat, der wird gestehen, er findet sich darin; daher wir ihn auch dem System zu Gefallen hier haben aufführen müssen.

Corollarium.

§ 13.

Inzwischen gilt dieser Satz doch nur in völliger Strenge für den Moniteur, und auch für diesen nur bei guten Nachrichten von außerordentlichem und entscheidendem Werth. Bei guten Nachrichten von untergeordnetem Werth kann der Moniteur schon das Werk ein wenig loben, das Journal de l'Empire aber und das Journal de Paris mit vollen Backen in die Posaune stoßen.

Aufgabe.

§ 14.

Dem Volk eine gute Nachricht vorzutragen?

Auflösung.

Ist es z. B. eine gänzliche Niederlage des Feindes, wobei derselbe Kanonen, Bagage und Munition verloren hat und in die Moräste gesprengt worden ist, so sage man dies, und setze das Punctum dahinter. (§ 11) Ist es ein bloßes Gefecht, wobei nicht viel herausgekommen ist, so setze man im Moniteur eine, im Journal de l'Empire drei Nullen an jede Zahl, und schicke die Blätter mit Courieren in alle Welt. (§ 13)

Anmerkung.

§ 15.

Hierbei braucht man nicht nothwendig zu lügen. Man braucht nur z. B. die Blessirten, die man auf dem Schlachtfelde gefunden, auch unter den Gefangenen aufzuführen. Dadurch bekömmt man zwei Rubriken, und das Gewissen ist gerettet.

Art. 2.
Von den schlechten Nachrichten.

Lehrsatz.

§ 16.

Zeit gewonnen, Alles gewonnen.

Anmerkung.

§ 17.

Dieser Satz ist so klar, daß er, wie die Grundsätze, keines Beweises bedarf, daher ihn der Kaiser der Franzosen auch unter die Grundsätze aufgenommen hat. Er führt in natürlicher Ordnung auf die Kunst dem Volk [eine] Nachricht zu verbergen, von welcher' sogleich gehandelt werden soll.

Corollarium.

§ 18.

Inzwischen gilt auch dieser Satz nur in völliger Strenge für das Journal de l'Empire und für das Journal de Paris, und auch für diese nur bei schlechten Nachrichten von der gefährlichen und verzweifelten Art. Schlechte Nachrichten von erträglicher Art kann der Moniteur gleich offenherzig gestehen, das Journal de l'Empire aber und das Journal de Paris thun als ob nicht viel daran wäre.

Aufgabe.

§ 19.

Dem Volk eine schlechte Nachricht zu verbergen?

Auflösung.

Die Auflösung ist leicht. Es gilt für das Innere des Landes in allen Journalen Stillschweigen, einem Fisch gleich. Unterschlagung der Briefe, die davon handeln, Aufhaltung der

Reisenden, Verbote in Tabagien und Gasthäusern davon zu reden, und für das Ausland Confiscation der Journale, welche gleichwohl davon zu handeln wagen; Arretirung, Deportirung, und Füselierung der Redactoren; Ansetzung neuer Subjecte bei diesem Geschäfft: Alles mittelbar entweder durch Requisition, oder unmittelbar durch Detaschements.

Anmerkung.
§ 20.

Diese Auflösung ist, wie man sieht, nur eine bedingte, und früh oder spät kommt die Wahrheit ans Licht. Will man die Glaubwürdigkeit der Zeitungen nicht aussetzen, so muß es nothwendig eine Kunst geben dem Volk schlechte Nachrichten vorzutragen. Worauf wird diese Kunst sich stützen?

Lehrsatz.
§ 21.

Der Teufel läßt keinen Schelmen im Stich.

Anmerkung.
§ 22.

Auch dieser Satz ist so klar, daß er nur erst verworren werden würde, wenn man ihn beweisen wollte, daher wir uns nicht weiter darauf einlassen, sondern sogleich zur Anwendung schreiten wollen.

Aufgabe.
§ 23.

Dem Volk eine schlechte Nachricht vorzutragen?

Auflösung.

Man schweige davon (§ 5) bis sich die Umstände geändert haben. (§ 15). Inzwischen unterhalte man das Volk mit guten Nachrichten, entweder mit wahrhaftigen aus der Vergangenheit, oder auch mit gegenwärtigen, wenn sie vorhanden sind, als: Schlacht von Marengo, von der Gesandschafft des Persenschachs" und von der Ankunft des Levantischen Kaffes, oder, in Ermangelung aller, mit solchen die erstunken und erlogen sind; sobald sich die Umstände geändert haben, welches niemals ausbleibt, (§ 20) und irgend ein Vortheil, er sei groß oder klein, errungen worden ist, gebe man (§ 14) eine pomphafte Ankündigung davon, und an ihren Schwanz hänge man die schlechte Nachricht an. q. e. des.

Anmerkung.
§ 24.

Hierin ist eigentlich noch der Lehrsatz enthalten: wenn man dem Kinde ein Licht zeigt, so weint es nicht; denn darauf stützt sich zum Theil das angegebene Verfahren. Nur der Kürze wegen, und weil er von selbst in die Augen springt, geschah es, daß wir denselben in abstracto nicht haben aufführen wollen.

Corollarium.
§ 25.

Ganz still zu schweigen, wie die Auflösung fordert, ist in vielen Fällen unmöglich, denn schon das Datum des Bülletins, wenn z. B. eine Schlacht verloren und das Hauptquartier zurückgegangen wäre, verräth dies Factum. In diesem Fall antebatire man entweder das Bülletin, oder aber fingire einen Druckfehler im Datum, oder endlich lasse das Datum ganz weg. Die Schuld kommt auf den Setzer oder Corrector.

7. **Katechismus der Deutschen, abgefaßt nach dem Spanischen, zum Gebrauch für Kinder und Alte.**[1]

In sechzehn Kapiteln.

Erstes Kapitel.
Von Deutschland überhaupt.

Frage. Sprich, Kind, wer bist Du?

Antwort. Ich bin ein Deutscher.

Fr. Ein Deutscher? Du scherzest. Du bist in Meißen gebohren, und das Land, dem Meißen angehört, heißt Sachsen!

Antw. Ich bin in Meißen gebohren, und das Land, dem Meißen angehört, heißt Sachsen; aber mein Vaterland, das Land dem Sachsen angehört, ist Deutschland, und Dein Sohn, mein Vater, ist ein Deutscher.

Fr. Du träumest! Ich kenne kein Land, dem Sachsen angehört, es müßte denn das rheinische Bundesland sein.[2] Wo find ich es, dies Deutschland, von dem Du sprichst, und wo liegt es?

Antw. Hier, mein Vater. — Verwirre mich nicht.

Fr. Wo?

Antw. Auf der Karte.

Fr. Ja, auf der Karte! — Diese Karte ist vom Jahr 1805. — Weißt Du nicht, was geschehn ist im Jahr 1805, da der Friede von Preßburg abgeschlossen war?

Antw. Napoleon, der korsische Kaiser, hat es nach dem Frieden durch eine Gewaltthat zertrümmert.[3]

Fr. Nun? Und gleichwohl wäre es noch vorhanden?

Antw. Gewiß! — Was fragst Du mich doch!

Fr. Seit wann?

Antw. Seit Franz der Zweite, der alte Kaiser der Deutschen, wieder aufgestanden ist, um es herzustellen, und der tapfre Feldherr, den er bestellte, das Volk aufgerufen hat, sich an die Heere, die er anführt, zur Befreiung des Landes anzuschließen.

Zweites Kapitel.
Von der Liebe zum Vaterlande.

Fr. Du liebst dein Vaterland, nicht wahr, mein Sohn?
Antw. Ja, mein Vater, das thu ich.
Fr. Warum liebst Du es?
Antw. Weil es mein Vaterland ist.
Fr. Du meinst, weil Gott es gesegnet hat mit vielen Früchten, weil viele schöne Werke der Kunst es schmücken, weil Helden, Staatsmänner und Weise, deren Namen anzuführen kein Ende ist, es verherrlicht haben?
Antw. Nein, mein Vater; Du verführst mich.
Fr. Ich verführte Dich?
Antw. Denn Rom und das ägyptische Delta sind, wie Du mich gelehrt hast, mit Früchten und schönen Werken der Kunst und Allem, was groß und herrlich sein mag, weit mehr gesegnet als Deutschland. Gleichwohl, wenn Deines Sohnes Schicksal wollte, daß er darin leben sollte, würde er sich traurig fühlen, und es nimmermehr so lieb haben, wie jetzt Deutschland.
Fr. Warum also liebst Du Deutschland?
Antw. Mein Vater, ich habe es Dir schon gesagt!
Fr. Du hättest es mir schon gesagt?
Antw. Weil es mein Vaterland ist.

Drittes Kapitel.
Von der Zertrümmerung des Vaterlandes.

Fr. Was ist Deinem Vaterlande jüngsthin widerfahren?

Antw. Napoleon, Kaiser der Franzosen, hat es mitten im Frieden zertrümmert, und mehrere Völker, die es bewohnen, unterjocht.

Fr. Warum hat er dies gethan?

Antw. Das weiß ich nicht.

Fr. Das weißt Du nicht?

Antw. Weil er ein böser Geist ist.

Fr. Ich will Dir sagen, mein Sohn: Napoleon behauptet, er sei von den Deutschen beleidigt worden.

Antw. Nein, mein Vater, das ist er nicht.

Fr. Warum nicht?

Antw. Die Deutschen haben ihn niemals beleidigt.

Fr. Kennst Du die ganze Streitfrage, die dem Kriege, der entbrannt ist, zum Grunde liegt?

Antw. Nein, keineswegs.

Fr. Warum nicht?

Antw. Weil sie zu weitläuftig und umfassend ist.

Fr. Woraus also schließest Du, daß die Sache, die die Deutschen führen, gerecht sei?

Antw. Weil Kaiser Franz von Oesterreich es versichert hat.

Fr. Wo hat er dies versichert?

Antw. In dem von seinem Bruder, dem Erzherzog Carl, an die Nation erlassenen Aufruf.

Fr. Also wenn zwei Angaben vorhanden sind, die Eine von Napoleon, dem Korsenkaiser, die Andere von Franz, Kaiser von Oesterreich, welcher glaubst Du?

Antw. Der Angabe Franzens, Kaisers von Oesterreich.

Fr. Warum?

Antw. Weil er wahrhaftiger ist.

Viertes Kapitel.
Vom Erbfeind.

Fr. Wer sind Deine Feinde, mein Sohn?

Antw. Napoleon und, so lange er ihr Kaiser ist, die Franzosen.

Fr. Ist sonst niemand, den Du haßest?

Antw. Niemand auf der ganzen Welt.

Fr. Gleichwohl, als Du gestern aus der Schule kamst, hast Du Dich mit jemand, wenn ich nicht irre, entzweit?

Antw. Ich, mein Vater? Mit wem?

Fr. Mit Deinem Bruder; Du hast es mir selbst erzählt.

Antw. Ja, mit meinem Bruder! Er hatte meinen Vogel nicht, wie ich ihm aufgetragen hatte, gefüttert.

Fr. Also ist Dein Bruder, wenn er dies gethan hat, Dein Feind, nicht Napoleon der Korse, noch die Franzosen, die er beherrscht?

Antw. Nicht doch, mein Vater! — Was sprichst Du da?

Fr. Was ich da spreche?

Antw. Ich weiß nicht, was ich darauf antworten soll."

— — — —

[Siebentes Kapitel.]

Fr. Das hab ich Dich schon gefragt. Sage es noch einmahl mit den Worten, die ich Dich gelehrt habe.

Antw. Für einen verabscheuungswürdigen Menschen, für den Anfang alles Bösen und das Ende alles Guten; für einen Sünder, den anzuklagen die Sprache der Menschen nicht hinreicht, und den Engeln einst am jüngsten Tage der Odem vergehen wird.

Fr. Sahst Du ihn je?

Antw. Niemals, mein Vater.

Fr. Wie sollst Du ihn Dir vorstellen?

Antw. Als einen der Hölle entstiegenen Vatermörder, der herumschleicht in dem Tempel der Natur, und an allen Säulen rüttelt, auf welchen er gebaut ist.

Fr. Wann hast Du dies im Stillen für Dich wiederholt?

Antw. Gestern Abend, als ich zu Bette gieng, und heute Morgen, als ich aufstand.

Fr. Und wann wirst Du es wieder wiederholen?

Antw. Heute Abend, wenn ich zu Bette gehe, und morgen früh, wann ich aufstehe.

Fr. Gleichwohl, sagt man, soll er viel Tugenden besitzen. Das Geschäfft der Unterjochung der Erde soll er mit List, Gewandtheit und Kühnheit vollziehn, und besonders an dem Tage der Schlacht ein großer Feldherr sein.

Antw. Ja, mein Vater, so sagt man.

Fr. Man sagt es nicht bloß; er ist es.

Antw. Auch gut; er ist es.

Fr. Meinst Du nicht, daß er um dieser Eigenschafften willen Bewunderung und Verehrung verdiene?

Antw. Du scherzest, mein Vater.

Fr. Warum nicht?

Antw. Das wäre ebenso feig, als ob ich die Geschicklichkeit, die einem Menschen im Ringen beiwohnt, in dem Augenblick bewundern wollte, da er mich in den Koth wirft und mein Antlitz mit Füßen tritt.

Fr. Wer also unter den Deutschen mag ihn bewundern?

Antw. Die robusten Feldherrn etwa und die Kenner der Kunst.

Fr. Und auch diese, wann mögen sie es erst thun?

Antw. Wenn er vernichtet ist.

Achtes Kapitel.
Von der Erziehung der Deutschen.

Fr. Was mag die Vorsehung wohl damit, mein Sohn, daß sie die Deutschen so grimmig durch Napoleon, den Korsen, aus ihrer Ruhe aufgeschreckt hat, bezweckt haben?

Antw. Das weiß ich nicht.

Fr. Das weißt Du nicht?

Antw. Nein, mein Vater.

Fr. Ich auch nicht. Ich schieße nur mit meinem Urtheil ins Blaue hinein. Treffe ich, so ist es gut; wo nicht, so ist an dem Schuß nichts verloren. — Tadelst Du dies Unternehmen?

Antw. Keineswegs, mein Vater.

Fr. Vielleicht meinst Du, die Deutschen befanden sich schon, wie die Sachen stehn, auf dem Gipfel aller Tugend, alles Heils und alles Ruhms?

Antw. Keineswegs, mein Vater.

Fr. Oder waren wenigstens auf guten Wegen, ihn zu erreichen?

Antw. Nein, mein Vater; das auch nicht.

Fr. Von welcher Unart habe ich Dir zuweilen gesprochen?

Antw. Von einer Unart?

Fr. Ja; die dem lebenden Geschlecht anklebt.

Antw. Der Verstand der Deutschen, hast Du mir gesagt, habe durch einige scharfsinnige Lehrer einen Ueberwitz bekommen; sie reflectirten, wo sie empfinden oder handeln sollten, meinten Alles durch ihren Witz bewerkstelligen zu können, und gäben nichts mehr auf die alte geheimnißvolle Kraft der Herzen.

Fr. Findest Du nicht, daß die Unart, die Du mir beschreibst, zum Theil auch auf Deinem Vater ruht, indem er Dich catechisirt?

Antw. Ja, mein lieber Vater.

Fr. Woran hiengen sie mit unmäßiger und unedler Liebe?

Antw. An Geld und Gut, trieben Handel und Wandel damit, daß ihnen der Schweiß ordentlich des Mitleidens würdig von der Stirn triefte, und meinten ein ruhiges, gemächliches und sorgenfreies Leben sei Alles, was sich in der Welt erringen ließe.

Fr. Warum also mag das Elend wohl, das in der Zeit ist, über sie gekommen, ihre Hütten zerstört und ihre Felder verheeret worden sein?

Antw. Um ihnen diese Güter völlig verächtlich zu machen, und sie anzuregen nach den höhern und höchsten, die Gott den Menschen beschert hat, hinanzustreben.

Fr. Und welches sind die höchsten Güter der Menschen?

Antw. Gott, Vaterland, Kaiser, Freyheit, Liebe und Treue, Schönheit, Wissenschafft und Kunst.

Neuntes Kapitel.
Eine Nebenfrage.

Fr. Sage mir, mein Sohn, wohin kommt der, welcher liebt? In den Himmel oder in die Hölle?

Antw. In den Himmel.

Fr. Und der, welcher haßt?

Antw. In die Hölle.

Fr. Aber derjenige, welcher weder liebt noch haßt: wohin kommt der?

Antw. Welcher weder liebt noch haßt?

Fr. Ja! — Hast Du die schöne Fabel vergessen?

Antw. Nein, mein Vater.

Fr. Nun? Wohin kommt der?

Antw. Der kommt in die siebente, tiefste und unterste Hölle.

Zehntes Kapitel.
Von der Verfassung der Deutschen.[b]

— — — —

[Zwölftes Kapitel.]

wo sie sie immer treffen mögen, erschlagen.

Fr. Hat er dies Allen oder den Einzelnen befohlen?

Antw. Allen und den Einzelnen.

Fr. Aber der Einzelne, wenn er zu den Waffen griffe, würde offtmals nur in sein Verderben laufen?

Antw. Allerdings, mein Vater, das wird er.

Fr. Er muß also lieber warten, bis ein Haufen zusammengelaufen ist, um sich an diesen anzuschließen?

Antw. Nein, mein Vater.

Fr. Warum nicht?

Antw. Du scherzest, wenn Du so fragst.

Fr. So rede!

Antw. Weil, wenn jedweder so dächte, gar kein Haufen zusammenlaufen würde, an den man sich anschließen könnte.

Fr. Mithin — was ist die Pflicht jedes Einzelnen?

Antw. Unmittelbar auf das Gebot des Kaisers zu den Waffen zu greifen, den Anderen, wie die hochherzigen Tyroler,⁶ ein Beispiel zu geben, und die Franzosen, wo sie angetroffen werden mögen, zu erschlagen.

Dreizehntes Kapitel.
Von den freiwilligen Beiträgen.

Fr. Wen Gott mit Gütern gesegnet hat, was muß der noch außerdem für den Fortgang des Kriegs, der geführt wird, thun?

Antw. Er muß, was er entbehren kann, zur Bestreitung seiner Kosten hergeben.

Fr. Was kann der Mensch entbehren?

Antw. Alles bis auf Wasser und Brod, [das] ihn ernährt, und ein Gewand, das ihn deckt.

Fr. Wie viel Gründe kannst Du anführen, um die Menschen, freiwillige Beiträge einzuliefern, zu bewegen?

Antw. Zwei. Einen, der nicht viel einbringen wird, und Einen, der die Führer des Kriegs reich machen muß, falls die Menschen nicht mit Blindheit geschlagen sind.⁷

Fr. Welcher ist der, der nicht viel einbringen wird?

Antw. Weil Geld und Gut gegen das, was damit errungen werden soll, nichtswürdig sind.

Fr. Und welcher ist der, der die Führer des Kriegs reich machen muß, falls die Menschen nicht mit Blindheit geschlagen sind?

Antw. Weil es die Franzosen doch wegnehmen.

Vierzehntes Kapitel.
Von den obersten Staatsbeamten.

Fr. Die Staatsbeamten, die dem Kaiser von Oesterreich und den ächten deutschen Fürsten treu dienen, findest Du nicht, mein Sohn, daß sie einen gefährlichen Stand haben?

Antw. Allerdings, mein Vater.

Fr. Warum?

Antw. Weil, wenn der korsische Kaiser ins Land käme, er sie um dieser Treue willen bitter bestrafen würde.

Fr. Also ist es für jeden, der auf einer wichtigen Landesstelle steht, der Klugheit gemäß, sich zurückzuhalten, und sich nicht mit Eifer auf heftige Maasregeln, wenn sie ihm auch von der Regierung anbefohlen sein sollten, einzulassen?"

Antw. Pfui doch, mein Vater; was sprichst Du da!

Fr. Was? — Nicht?

Antw. Das wäre schändlich und niederträchtig.

Fr. Warum?

Antw. Weil ein Solcher nicht mehr Staatsdiener seines Fürsten, sondern schon, als ob er in seinem Sold stünde, Staatsdiener des Korsenkaisers ist, und für seine Zwecke arbeitet.

Funfzehntes Kapitel.
Vom Hochverrathe.

Fr. Was begeht derjenige, mein Sohn, der dem Aufgebot, das der Erzherzog Carl an die Nation erlassen hat, nicht gehorcht, oder wohl gar durch Wort und That zu widerstreben wagt?

Antw. Einen Hochverrath mein Vater.

Fr. Warum?

Antw. Weil er dem Volk, zu dem er gehört, verderblich ist.

Fr. Was hat derjenige zu thun, den das Unglück unter die verrätherischen Fahnen geführt hat, die den Franzosen verbunden, der Unterjochung des Vaterlandes wehen?

Antw. Er muß seine Waffen schaamroth wegwerfen, und zu den Fahnen der Oesterreicher übergehen.

Fr. Wenn er dies nicht thut, und mit den Waffen in der Hand ergriffen wird, was hat er verdient?

Antw. Den Tod, mein Vater.

Fr. Und was kann ihn einzig davor schützen?

Antw. Die Gnade Franzens, Kaisers von Oesterreich, des Vormunds, Retters und Wiederherstellers der Deutschen.

Sechszehntes Kapitel.
Schluß.

Fr. Aber sage mir, mein Sohn, wenn es dem hochherzigen Kaiser von Oesterreich, der für die Freiheit Deutschlands die Waffen ergriff, nicht gelänge, das Vaterland zu befreien: würde er nicht den Fluch der Welt auf sich laden, den Kampf überhaupt unternommen zu haben?

Antw. Nein, mein Vater.

Fr. Warum nicht?

Antw. Weil Gott der oberste Herr der Heer=Schaaren ist, und nicht der Kaiser, und es weder in seiner noch in seines Bruders, des Erzherzog Carls, Macht steht, die Schlachten, so wie sie es wohl wünschen mögen, zu gewinnen.

Fr. Gleichwohl ist, wenn der Zweck des Kriegs nicht erreicht wird, das Blut vieler tausend Menschen nutzlos geflossen, die Städte verwüstet und das Land verheert worden.

Antw. Wenngleich, mein Vater!

Fr. Was? Wenngleich! — Also auch, wenn Alles untergienge, und kein Mensch, Weiber und Kinder mit eingerechnet, am Leben bliebe, würdest du den Kampf noch billigen?

Antw. Allerdings, mein Vater.

Fr. Warum?

Antw. Weil es Gott lieb ist, wenn Menschen ihrer Freiheit wegen sterben.

Fr. Was aber ist ihm ein Gräuel?

Antw. Wenn Sclaven leben!

2. Politische Aufrufe und Betrachtungen.

1. Einleitung [zur Zeitschrift Germania].

Diese Zeitschrift soll der erste Athemzug der deutschen Freiheit sein. Sie soll Alles aussprechen, was während der drei letzten, unter dem Druck der Franzosen verseufzten, Jahre in den Brüsten wackerer Deutschen hat verschwiegen bleiben müssen: alle Besorgniß, alle Hoffnung, alles Elend und alles Glück.

Es bedurfte einer Zeit wie die jetzige, um einem Blatt, wie das vorliegende ist, das Dasein zu geben. So lange noch keine Handlung des Staats geschehen war, mußte es jedem Deutschen, der seine Worte zu Rathe hielt, ebenso voreilig als nutzlos scheinen zu seinen Mitbrüdern zu reden. Eine solche Stimme würde entweder völlig in der Wüste verhallt sein, oder — welches fast noch schlimmer gewesen wäre — die Gemüther nur auf die Höhen der Begeisterung erhoben haben, um sie in dem zunächst darauf folgenden Augenblick in eine desto tiefere Nacht der Gleichgültigkeit und Hoffnungslosigkeit versinken zu lassen.

Jetzt aber hat der Kaiser von Oesterreich an der Spitze seines tapfern Heeres den Kampf für seiner Unterthanen Wohl, und den noch großmüthigeren für das Heil des unterdrückten

und bisher noch wenig dankbaren Deutschlands unternommen.
Der kaiserliche Bruder, den er zum Herrn des Heers bestellte,
hat die göttliche Kraft, das Werk an sein Ziel hinauszuführen,
auf eine erhabene und rührende Art dargethan. Das Mis=
geschick, das ihn traf, trug er mit der Unbeugsamkeit der
Helden, und ward in dem entscheidenden Augenblick, da es
zu siegen oder zu sterben galt, der Bezwinger des Unbezwun=
genen, — ward es mit einer Bescheidenheit, die dem Zeit=
alter, in welchem wir leben, fremd ist.¹

Jetzt oder niemals ist es Zeit den Deutschen zu sagen,
was sie ihrerseits zu thun haben, um der erhabenen Vor=
mundschafft, die sich über sie eingesetzt hat, allererst würdig
zu werden; und dieses Geschäfft ist es, das wir, von der Lust
am Guten mitzuwirken bewegt, in den Blättern der Ger=
mania haben übernehmen wollen.

Hoch, auf dem Gipfel der Felsen soll sie sich stellen und
den Schlachtgesang herabbonnern ins Thal! Dich, o Vater=
land, will sie singen und deine Heiligkeit und Herrlichkeit,
und welch ein Verderben seine Wogen auf dich heranwälzt!
Sie will herabsteigen, wenn die Schlacht braußt,² und sich
mit hochroth glühenden Wangen unter die Streitenden mischen
und ihren Muth beleben, und ihnen Unerschrockenheit und
Ausdauer und des Todes Verachtung ins Herz gießen; — —
und die Jungfrauen des Landes herbeirufen, wenn der Sieg
erfochten ist, daß sie sich niederbeugen über die so gesunken
sind, und ihnen das Blut aus der Wunde saugen. Möge
jeder, der sich bestimmt fühlt dem Vaterlande auf diese
Weise zu — — —

2. [Aufruf.]

Zeitgenossen! Glückliche oder unglückliche Zeitgenossen — wie soll ich euch nennen? daß ihr nicht aufmerken wollet, oder nicht aufmerken könnet. Wunderbare und sorgenlose Blindheit, mit welcher ihr nichts vernehmt! O, wenn in euren Füßen Weissagung wäre, wie schnell würden sie zur Flucht sein! Denn unter ihnen gährt die Flamme, die bald in Vulcanen herausdonnern, und unter ihrer Asche und ihren Lavaströmen Alles begraben wird. Wunderbare Blindheit, die nicht gewahrt, daß Ungeheures und Unerhörtes nahe ist, daß Dinge reifen, von welchen noch der Urenkel mit Grausen sprechen wird, wie von atridischen Tischen und Pariser und Nanter Bluthochzeiten? Welche Verwandlungen nahen! Ja, in welchen seid ihr mitten inne und merkt sie nicht, und meint, es geschähe etwas Alltägliches in dem alltäglichen Nichts, worin ihr befangen seid! -- G. v. J. S. 13.[1]

Diese Prophezeiung — in der That, mehr als einmal habe ich diese Worte als übertrieben tadeln hören. Sie flößen, sagt man, ein gewisses falsches Entsetzen ein, das die Gemüther, statt sie zu erregen, vielmehr abspanne und erschlaffe. Man sieht um sich, heißt es, ob wirklich die Erde sich schon unter den Fußtritten der Menschen eröffne; und wenn man die Thürme und die Giebel der Häuser noch stehen sieht, so holt man, als ob man aus einem schweren Traume erwachte, wieder Athem. Das Wahrhaftige, was darin liegt, verwerfe man mit dem Unwahrhaftigen, und sei geneigt die ganze Weissagung, die das Buch enthält, für eine Vision zu halten.

O du, der du so sprichst, du kömmst mir vor wie etwa ein Grieche aus dem Zeitalter des Sülla, oder aus jenem des Titus ein Israelit.

„Was? dieser mächtige Staat der Juden soll untergehen? Jerusalem, diese Stadt Gottes, von seinem leibhaftigen Cherubime beschützt, sie sollte, Zion, zu Asche versinken? Eulen und Adler sollten in den Trümmern dieses salomonischen Tempels wohnen? Der Tod sollte die ganze Bevölkerung hinwegraffen, Weiber und Kinder in Fesseln hinweggeführt werden, und die Nachkommenschafft in alle Länder der Welt zerstreut, durch Jahrtausende und wieder Jahrtausende* verworfen, wie dieser Ananias prophezeit, das Leben der Sclaven führen? Was?"

3. Was gilt es in diesem Kriege?

Gilt es, was es gegolten hat sonst in den Kriegen, die geführt worden sind auf dem Gebiete der unermeßlichen Welt? Gilt es den Ruhm eines jungen und unternehmenden Fürsten, der in dem Duft einer lieblichen Sommernacht von Lorbeern geträumt hat? Oder die Genugthuung für die Empfindlichkeit einer Favorite, deren Reitze, vom Beherrscher des Reichs anerkannt, an fremden Höfen in Zweifel gezogen worden sind? Gilt es einen Feldzug, der, jenem spanischen Erbfolgestreit gleich, wie ein Schachspiel geführt wird; bei welchem kein Herz wärmer schlägt, keine Leidenschafft das Gefühl schwellt, kein Muskel, vom Giftpfeil der Beleidigung getroffen, emporzuckt? Gilt es ins Feld zu rücken von beiden Seiten, wenn der Lenz kommt, sich zu treffen mit flatternden

Fahnen, und zu schlagen und entweder zu siegen, oder wieder in die Winterquartiere einzurücken? Gilt es eine Provinz abzutreten, einen Anspruch auszufechten, oder eine Schuld=Forderung geltend zu machen, oder gilt es sonst irgend etwas, das nach dem Werth des Geldes auszumessen ist, heut be=sessen, morgen aufgegeben, und übermorgen wieder erworben werden kann?

Eine Gemeinschafft gilt es, deren Wurzeln tausendästig, einer Eiche gleich, in den Boden der Zeit eingreifen; deren Wipfel, Tugend und Sittlichkeit überschattend, an den silbernen Saum der Wolken rührt, deren Dasein durch das Drittheil eines Erdalters geheiligt worden ist; eine Gemeinschafft, die, unbekannt mit dem Geist der Herrschsucht und der Eroberung, des Daseins und der Duldung so würdig ist, wie irgend eine; die ihren Ruhm nicht einmal denken kann, sie müßte denn den Ruhm zugleich und das Heil aller Uebrigen denken, die den Erdkreis bewohnen; deren ausgelassenster und ungeheuerster Gedanke noch, von Dichtern und Weisen auf Flügeln der Ein=bildung erschwungen, Unterwerfung unter eine Weltregierung ist, die in freier Wahl von der Gesammtheit aller Brüder=Nationen gesetzt wäre. Eine Gemeinschafft gilt es, deren Wahr=haftigkeit und Offenherzigkeit gegen Freund und Feind gleich unerschütterlich geübt, bei dem Witz der Nachbarn zum Sprich=wort geworden ist; die über jeden Zweifel erhoben, dem Be=sitzer jenes ächten Ringes gleich, diejenige ist, die die Anderen am Meisten lieben; deren Unschuld, selbst in dem Augenblick noch, da der Fremdling sie belächelt, oder wohl gar verspottet, sein Gefühl geheimnißvoll erweckt; dergestalt, daß derjenige, der zu ihr gehört, nur seinen Namen zu nennen braucht, um auch in den entferntesten Theilen der Welt noch Glauben zu finden. Eine Gemeinschafft, die weit entfernt in ihrem Busen auch nur eine Regung von Uebermuth zu tragen, vielmehr, einem schönen Gemüth gleich, bis auf den heutigen Tag an ihre eigne Herrlichkeit nicht geglaubt hat; die herumgeflattert ist unermüdlich, einer Biene gleich, Alles, was sie Vortreff= liches fand, in sich aufzunehmen, gleich als ob nichts von Ur= sprung herein Schönes in ihr² selber wäre; in deren Schooß gleichwohl (wenn es zu sagen erlaubt ist!) die Götter das Urbild der Menschheit reiner als in irgend einer andern aufbewahrt hatten. Eine Gemeinschafft, die dem Menschengeschlecht nichts in dem Wechsel der Dienstleistungen³ schuldig geblieben ist, die den Völkern, ihren Brüdern und Nachbarn, für jede Kunst des Friedens, welche sie von ihnen erhielt, eine andere zurückgab; eine Gemeinschafft, die an dem Obelisken der Zeiten stets unter den Wackersten und Rüstigsten thätig gewesen ist; ja, die den Grundstein desselben gelegt hat, und vielleicht den Schlußblock darauf zu setzen bestimmt war. Eine Gemein= schafft gilt es, die den Leibniz und Guttenberg gebohren hat, in welcher ein Guericke den Luftkreis wog, Tschirnhausen den Glanz der Sonne lenkte, und Keppler der Gestirne Bahn verzeichnete; eine Gemeinschafft, die große Namen, wie der Lenz Blumen, aufzuweisen hat; die den Hutten und Sickingen, Luther und Melanchthon, Joseph und Friedrich auferzog; in welcher Dürer und Cranach, die Verherrlicher der Tempel, gelebt, und Klopstock den Triumph des Erlösers gesungen hat. Eine Gemeinschafft mithin gilt es, die dem ganzen Menschen= geschlecht angehört;⁴ die die Wilden der Südsee noch, wenn sie sie kennten, zu beschützen herbeiströmen würden; eine

7*

Gemeinschafft, deren Dasein keine deutsche Brust überleben, und die nur mit Blut, vor [dem] die Sonne verdunkelt, zu Grabe gebracht werden soll!

4. **Einleitung [zu den Berliner Abendblättern].**
Gebet des Zoroaster.
(Aus einer indischen Handschrift, von einem Reisenden in den Ruinen von Palmyra gefunden.)
(1. October 1810.)

Gott, mein Vater im Himmel! Du hast dem Menschen ein so freies, herrliches und üppiges Leben bestimmt. Kräfte unendlicher Art, göttliche und thierische, spielen in seiner Brust zusammen, um ihn zum König der Erde zu machen. Gleichwohl, von unsichtbaren Geistern überwältigt, liegt er, auf verwundernswürdige und unbegreifliche Weise, in Ketten und Banden; das Höchste, von Irrthum geblendet, läßt er zur Seite liegen, und wandelt, wie mit Blindheit geschlagen, unter Jämmerlichkeiten und Nichtigkeiten umher. Ja, er gefällt sich in seinem Zustand; und wenn die Vorwelt nicht wäre und die göttlichen Lieder, die von ihr Kunde geben, so würden wir gar nicht mehr ahnden, von welchen Gipfeln, o Herr! der Mensch um sich schauen kann. Nun lässest du es, von Zeit zu Zeit, niederfallen, wie Schuppen, von dem Auge Eines deiner Knechte, den du dir erwählt, daß er die Thorheiten und Irrthümer seiner Gattung überschaue; ihn rüstest du mit dem Köcher der Rede, daß er, furchtlos und liebreich, mitten unter sie trete, und sie mit Pfeilen, bald schärfer, bald leiser, aus der wunderlichen Schlafsucht, in welcher sie befangen liegen, wecke. Auch mich, o Herr,

haſt du, in deiner Weisheit, mich wenig Würdigen, zu
dieſem Geſchäft erkoren; und ich ſchicke mich zu meinem Beruf
an. Durchdringe mich ganz, vom Scheitel zur Sohle, mit
dem Gefühl des Elends, in welchem dies Zeitalter darnieder
liegt, und mit der Einſicht in alle Erbärmlichkeiten, Halb=
heiten, Unwahrhaftigkeiten und Gleisnereien, von denen es
die Folge iſt. Stähle mich mit Kraft, den Bogen des Ur=
theils rüſtig zu ſpannen, und, in der Wahl der Geſchoſſe,
mit Beſonnenheit und Klugheit, auf daß ich jedem, wie es
ihm zukommt, begegne: den Verderblichen und Unheilbaren,
dir zum Ruhm, niederwerfe, den Laſterhaften ſchrecke, den
Irrenden warne, den Thoren, mit dem bloßen Geräuſch der
Spitze über ſein Haupt hin, necke. Und einen Kranz auch
lehre mich winden, womit ich, auf meine Weiſe, den, der
dir wohlgefällig iſt, kröne! Ueber Alles aber, o Herr, möge
Liebe wachen zu dir, ohne welche nichts, auch das Gering=
fügigſte nicht, gelingt: auf daß dein Reich verherrlicht und
erweitert werde, durch alle Räume und alle Zeiten, Amen!

x.

5. Von der Ueberlegung.
(Eine Paradoxe.)

(7. December.)

Man rühmt den Nutzen der Ueberlegung in alle Himmel;
beſonders der kaltblütigen und langwierigen vor der That.
Wenn ich ein Spanier, ein Italiener oder ein Franzoſe wäre:
ſo mögte es damit ſein Bewenden haben. Da ich aber ein
Deutſcher bin, ſo denke ich meinem Sohn einſt, beſonders

wenn er sich zum Soldaten bestimmen sollte, folgende Rede zu halten.

„Die Ueberlegung, wisse, findet ihren Zeitpunkt weit schicklicher nach, als vor der That. Wenn sie vorher, oder in dem Augenblick der Entscheidung selbst, ins Spiel tritt: so scheint sie nur die zum Handeln nöthige Kraft, die aus dem herrlichen Gefühl quillt, zu verwirren, zu hemmen und zu unterdrücken; dagegen sich nachher, wenn die Handlung abgethan ist, der Gebrauch von ihr machen läßt, zu welchem sie dem Menschen eigentlich gegeben ist, nämlich sich dessen, was in dem Verfahren fehlerhaft und gebrechlich war, bewußt zu werden, und das Gefühl für andere künftige Fälle zu reguliren. Das Leben selbst ist ein Kampf mit dem Schicksal; und es verhält sich auch mit dem Handeln wie mit dem Ringen. Der Athlet kann, in dem Augenblick, da er seinen Gegner umfaßt hält, schlechthin nach keiner andern Rücksicht, als nach bloßen augenblicklichen Eingebungen verfahren; und derjenige, der berechnen wollte, welche Muskeln er anstrengen, und welche Glieder er in Bewegung sezzen soll, um zu überwinden, würde unfehlbar den Kürzern ziehen, und unterliegen. Aber nachher, wenn er gesiegt hat oder am Boden liegt, mag es zweckmäßig und an seinem Ort sein, zu überlegen, durch welchen Druck er seinen Gegner niederwarf, oder welch ein Bein er ihm hätte stellen sollen, um sich aufrecht zu erhalten. Wer das Leben nicht, wie ein solcher Ringer, umfaßt hält, und tausendgliedrig, nach allen Windungen des Kampfes, nach allen Widerständen, Drücken, Ausweichungen und Reactionen, empfindet und spürt: der wird, was er will, in keinem Gespräch, durchsetzen; vielweniger in einer Schlacht." *x.*

6. Betrachtungen über den Weltlauf.

(9. October.)

Es giebt Leute, die sich die Epochen, in welcher die Bildung einer Nation fortschreitet, in einer gar wunderlichen Ordnung vorstellen. Sie bilden sich ein, daß ein Volk zuerst in thierischer Rohheit und Wildheit baniederläge; daß man nach Verlauf einiger Zeit, das Bedürfniß einer Sittenverbesserung empfinden, und somit die Wissenschaft von der Tugend aufstellen müsse; daß man, um den Lehren derselben Eingang zu verschaffen, daran denken würde, sie in schönen Beispielen zu versinnlichen, und daß somit die Aesthetik erfunden werden würde: daß man nunmehr, nach den Vorschriften derselben, schöne Versinnlichungen verfertigen, und somit die Kunst selbst ihren Ursprung nehmen würde: und daß vermittelst der Kunst endlich das Volk auf die höchste Stufe menschlicher Cultur hinaufgeführt werden würde. Diesen Leuten dient zur Nachricht, daß Alles, wenigstens bei den Griechen und Römern, in ganz umgekehrter Ordnung erfolgt ist. Diese Völker machten mit der heroischen Epoche, welches ohne Zweifel die höchste ist, die erschwungen werden kann, den Anfang; als sie in keiner menschlichen und bürgerlichen Tugend mehr Helden hatten, dichteten sie welche; als sie keine mehr dichten konnten, erfanden sie dafür die Regeln; als sie sich in den Regeln verwirrten, abstrahirten sie die Weltweisheit selbst; und als sie damit fertig waren, wurden sie schlecht.

z.

3. Erzählungen und Anekdoten.

1. Warnung gegen weibliche Jägerei.
(5. 6. November.)

Die Gräfin L... war kurzsichtig, aber sie liebte noch immer die Jagd, ungeachtet sie niemals gut geschossen hatte. Ihre Jäger kannten ihre Art und nahmen sich vor ihr in Acht; sie schoß dreist auf jeden Fleck, wo sich etwas regte, es war ihr einerlei, was es sein mogte. Abbé D......, einer der gelehrtesten Literatoren, mußte sie mit ihrem vierzehnjährigen Sohne, dem Grafen Johann, auf einer dieser Treibjagden begleiten, die Jäger suchten ihnen einen sichern Platz zum Anstand, hinter zwei starken Bäumen, aus; der Abbé nahm aus Langeweile ein Buch aus seiner Tasche, das er vom Jagdschloß mitgenommen; es war von Ibstädt's Jagdrecht. Der junge Graf lauerte aufmerksam auf einen Rehbock, der herangetrieben wurde. In dem Augenblicke, als er losbrücken wollte, fiel ein Schuß der Gräfin, den sie ungeschickt und übereilt auf denselben Rehbock thun wollte, so geschickt durch den schmalen Luftraum, zwischen den beiden Bäumen, die den Abbé und den Grafen sicherten, daß sich beide zu gleicher Zeit verwundet fühlten und aufschrieen. Die Gräfin wurde bei diesem Geschrei ohnmächtig, die Jäger und die übrige Gesellschaft, in der sich auch ein Wundarzt befand, eilten von allen Seiten herbei und theilten ihre Sorge zwischen der Gräfin und dem jungen Erbgrafen. Die Güte und Geduld des Abbé's ist jedem, der ihn gesehen, aus seinem Gesichte bekannt, seine Bescheidenheit jedem, der mit ihm gesprochen; hier erschien aber alles Dreies auf einer merkwürdigen Probe. Kein Mensch fragte ihn, was ihm fehle, vielmehr drängte man ihn beiseite, und als er einem sagte: Er glaube zu sterben, der eine Rehposten wäre ihm in der Gegend der Leber durch die Rippen eingeschlagen; so antwortete ihm jener verstört: der junge Graf sei durch beide Schulterblätter verletzt. Der Wundarzt sah nur auf den jungen Grafen, und der arme Abbé mußte sich selbst helfen, so gut er konnte, und suchte sich die Wunde mit seinem Schnupftuche, das er mit dem Rock festknöpfte, so gut als möglich zu verschließen. Mit Mühe wurde eine Kutsche durch den steinigen hügligten Wald, bis nahe an den Unglücksort, gebracht. Die Gräfin hatte sich erholt, und empfahl mit vielen Thränen, dem Wundarzte ihren Sohn; der Abbé wollte ihr mit Klagen, über seinen Schmerz, keinen Kummer machen, und stieg sachte mit der letzten Anstrengung dem jungen Grafen in den Wagen nach. Der Wundarzt hielt den Grafen im Vorsitz, rückwärts saß der Abbé. Der Wagen fuhr sehr langsam, aber der Weg war uneben und stieß unvermeidlich; der Graf litt dabei und seufzte leise, aber der Abbé konnte, bei dem entsetzlichen Druck der Kugel, sich heftiger Seufzer und einzelner Ausrufungen nicht enthalten. Der Wundarzt hatte schon ein paar Mal gesagt: Es hätte nichts auf sich mit der Wunde des Grafen, er könnte sich beruhigen; endlich sprach er ganz ernstlich: Ich ehre ihr Mitleid Herr Abbé, aber ich traue ihrem Verstande zu, daß sie sich der Ausbrüche desselben erwehren können, wenn es dem Gegenstande desselben gefährlich werden könnte; ihre Beileidsbezeugungen machen aber den Kranken selbst besorgter, als das Uebel verdient.

In dem Augenblicke krachte der Wagen über eine Wurzel, daß der arme Abbé kein Wort sagen konnte, sondern um sich verständlich zu machen, den Rock aufknöpfte; das Tuch fiel herunter und das Blut floß in großer Menge herab. — Mein Gott, rief der Wundarzt, sind sie auch verwundet, wahrhaftig! ja, da muß man sich hier nichts draus machen, ich habe heute auch ein Paar Schroten von der Frau Gräfin in das dicke Fleisch bekommen, es macht ihr so viel Vergnügen und ich singe lustig dabei:

> Es ist ein Schuß gefallen,
> Mein, sagt, wer schoß da draus?
> Es war ein junger Jäger,
> Der schoß im Hinterhaus.
> Die Spatzen in dem Garten,
> Die machen viel Verdruß,
> Zwei Spatzen und ein Schneider,
> Die fielen von dem Schuß,
> Die Spatzen von den Schroten,
> Der Schneider von dem Schreck;
> Die Spatzen in die Schoten,
> Der Abbé in den Dreck.

Der gute Abbé, der eine gewisse Kränkung empfunden hatte, wie er erst so verbindlich in dem Hause aufgenommen und im Unglück so ganz vergessen sei, mußte jetzt selbst lächeln, als er bei dieser Anzeige bemerkte, wie er sich beim Falle auf dem feuchten Boden beschmutzt hatte, dabei übernahm ihn eine Ohnmacht, von der er erst im Schlosse erwachte. Ich sah ihn mehrere Jahre nach diesem Vorfalle, den er glücklich überstanden hatte; ich fühlte die Kugel, sie hatte sich wohl zwei Hände breit hinter den Rippen niedergesenkt, und war jetzt unter denselben fühlbar. Zuweilen litt er noch an Schmerzen und versicherte, daß alle Gefahren, die von den Dichtern einem gewissen Bogengeschoß aus weiblichen Augen nachgesagt würden, nicht mit den Gefahren weiblicher Jägerei zu vergleichen wären, denn die Geschicklichkeit Dianens mögte wohl so selten geworden sein, wie ihre anderen Eigenschaften. *vaa.*

2. Die Heilung.
(29. November.)

In den Zeiten des höchsten Glanzes der altfranzösischen Hofhaltung unter Ludwig XIV lebte ein Edelmann, der Marquis de Saint Meran, der die Anmuth, Geistesgewandheit und sittliche Verderbniß der damaligen vornehmen Welt im höchsten Grade in sich vereinigte. Unter andern unzählbaren Liebesabentheuern hatte er auch eines, mit der Frau eines Procuratoren, die es ihm gelang, dem Manne sowohl, als dessen Familie und ihrer eigenen gänzlich abzuwenden, so daß sie deren Schmach ward, deren Juweel sie gewesen war, und in blinder Leidenschaft das Hotel ihres Verführers bezog. Er hatte zwar nie so viel bei einer Liebesgeschichte empfunden, als bei dieser, ja, es regten sich bisweilen Ge=

fühle in ihm, die man einen Abglanz von Religion und
Herzlichkeit hätte nennen mögen, aber endlich trieb ihn
dennoch, wenn nicht die Lust am Wechsel, doch die Mode
des Wechsels von seinem schönen Opfer wieder fort, und er
suchte nun dieses durch die ausgesuchtesten und verfeinertsten
Grundsätze seiner Weltweisheit zu beruhigen. Aber das war
nichts für ein solches Herz. Es schwoll in Leiden, die ihm
keine Geisteswendung zu mildern vermochte, so gewaltsam
auf, daß es den einstmals lichtklaren und lichtschnellen Verstand verwirrte, und der Marquis, nicht bösartig genug, die
arme Verrückte ihrem Jammer und dem Hohn der Menschen
zu überlassen, sie auf ein entferntes Gut in der Provence
schickte, mit dem Befehl, ihrer gut und anständig zu pflegen.
Dort aber stieg, was früher stille Melancholie gewesen war,
zu den gewaltsamsten phrenetischen Ausbrüchen, mit deren
Berichten man jedoch die frohen Stunden des Marquis zu
unterbrechen sorgsam vermied. Diesem fällt es endlich einmal
ein, die provenzalische Besitzung zu besuchen. Er kommt un-
vermuthet an, eine flüchtige Frage nach dem Befinden der
Kranken wird eben so flüchtig beantwortet, und nun geht es
zu einer Jagdparthie in die nahen Berge hinaus. Man hatte
sich aber wohl gehütet, dem Marquis zu sagen, daß eben
heute die Unglückliche in unbezwinglicher Wuth aus ihrer
Verwahrung gebrochen sei, und man sich noch immer vergeblich abmühe, sie wieder einzufangen. Wie mußte nun dem
Leichtsinnigen zu Muthe werden, als er auf schroffem Fuß-
gestade an einer der einsamsten Stellen des Gebirges, weit
getrennt von alle seinem Gefolge, im eiligen Umwenden um
eine Ecke des Felsens, der furchtbaren Flüchtigen grad in die

Arme rennt, die ihn faßt mit alle der unwiderstehlichen Kraft des Wahnsinns, mit ihrem, aus den Kreisen gewichenen blitzenden Augenstern, gerad' in sein Antlitz hineinstarrt, während ihr reiches, nun so gräßliches, schwarzes Haar, wie ein Mantel von Rabenfittigen, über ihr hinweht, und die dennoch nicht so entstellt ist, daß er nicht auf den ersten Blick die einst so geliebte Gestalt, die von ihm selber zur Furie umgezauberte Gestalt, hätte erkennen sollen. — Da wirrte auch um ihn der Wahnsinn seine grause Schlingen, oder vielmehr der Blödsinn, denn der plötzliche Geistesschlag zerrüttete ihn dergestalt, daß er besinnungslos in den Abgrund hinunter taumeln wollte. Aber die arme Manon lud ihn, plötzlich still geworden, auf ihren Rücken, und trug ihn sorgsam nach der Gegend des Schlosses zurück. Man kann sich das Entsetzen der Bedienten denken, als sie ihrem Herren auf diese Weise und in der Gewalt der furchtbaren Kranken begegneten. Aber bald erstaunten sie noch mehr, die Rollen hier vollkommen gewechselt zu finden. Manon war die verständige, sittige Retterin und Pflegerin des blödsinnigen Marquis geworden, und ließ fürderhin nicht Tag nicht Nacht auch nur auf eine Stunde von ihm. Bald gaben die herbeigerufnen Aerzte jede Hoffnung zu seiner Heilung auf, nicht aber Manon. Diese pflegte mit unerhörter Geduld und mit einer Fähigkeit, welche man für Inspiration zu halten versucht war, den armen verwilderten Funken in ihres Geliebten Haupt, und lange Jahre nachher, schon als sich beider Locken bleichten, genoß sie des unaussprechlichen Glückes, den ihr über Alles theuren Geist wieder zu seiner ehemaligen Blüthe und Kraft heraufgezogen zu haben. Da gab der Marquis seiner Helferin am Altare die

Hand, und in dieser Entfernung der Hauptstadt wußten alle Theilhaber des Festes von keinen andern Gefühlen, als denen der tiefsten Ehrfurcht und der andächtigsten Freude.

M. K.

3. Das Grab der Väter.
(5. Dezember.)

Einem jungen Bauersmann in Norwegen soll einmal folgende Geschichte begegnet sein. Er liebte ein schönes Mädchen, die einzige Tochter eines reichen Nachbarn, und ward von ihr geliebt, aber die Armuth des Werbers machte alle Hoffnung auf nähere Verbindung zu nichte. Denn der Brautvater wollte seine Tochter nur einem solchen geben, der schuldenfreien Hof und Heerde aufzuweisen habe, und weil der arme junge Mensch weit davon entfernt war, half es ihm zu nichts, daß er von einem der uralten Heldenväter des Landes abstammte, ob zwar Niemand einen Zweifel an dieser rühmlichen uralten Geschlechtstafel hegte. Seiner Ahnen Erster und Größter sollte auch in einem Hügel begraben sein, den alle Landleute unfern der Küste zu zeigen wußten. Auf diesen Hügel pflegte sich denn der betrübte Jüngling oftmals in seinem Leide zu sezzen, und dem begrabnen Altvordern vorzuklagen, wie schlecht es ihm gehe, ohne daß der Bewohner des Hügels auf diesen kleinen Jammer Rücksicht zu nehmen schien. Meist hatten auch die zwei Liebenden ihre verstohlenen Zusammenkünfte dort, und so geschah es, daß einstmals der Vater des Mädchens den einzig gangbaren steilen Pfad zum Hügel von ohngefähr herauf gegangen kam, indeß die beiden oben saßen. Eine tödtliche Angst befiel die Jungfrau, ihr Liebhaber faßte sie in seine starken Arme, und versuchte, von der andern Seite das Gestein herabzuklimmen. Da standen sie aber plötzlich, auf glattem Rasen am schroffen Hange, fest, sie hörten schon die Tritte des Vaters über sich, der sie auf diese Weise unfehlbar erblicken mußte, schon fühlten sich beide von Angst und Schwindel versucht, die jähe Tiefe und den Standkreis hinab zu stürzen, — da gewahrten sie nahe bei sich einer kleinen Oeffnung, und schlüpften hinein, und schlüpften immer tiefer in die Dunkelheit, immer noch voll Angst vor dem Bemerktwerden, bis endlich das Mädchen erschrocken aufschrie: „mein Gott wir sind ja in einem Grabe!" — Da sahe auch der junge Normann erst um sich, und bemerkte, daß sie in einer länglichen Kammer von gemauerten Steinen standen, wo sich inmitten etwas erhub, wie ein großer Sarg. Jemehr aber die Finsterniß vor den sich gewöhnenden Augen abnahm, je deutlicher konnte man auch sehn, daß die Masse in der Mitte kein Sarg war, sondern ein uralter Nachen, wie man sie mit Seehelden an den nordischen Küsten vor Zeiten einzugraben pflegte. Auf dem Nachen saß, dicht am Steuer, in aufrechter Stellung, eine hohe Gestalt, die sie erst für ein geschnitztes Bild ansahen. Als aber der junge Mensch, dreist geworden, hinaufstieg, nahm er wahr, daß es eine Rüstung von riesenmäßiger Größe sei. Der Helm war geschlossen, in den rechten Panzerhandschuh war ein gewaltiges bloßes Schwert mit dem goldenen Griffe hineingeklemmt. Die Braut rief wohl ihrem Liebhaber ängstlich zu, herab zu kommen, aber in einer seltsam wachsenden Zuversicht riß er das Schwert aus der beerzten Hand. Da rasselten die mürben

Knochen, auf benen die Waffen sich noch erhielten, zusammen, der Harnisch schlug auf den Boden des Nachens lang hin, der entsetzte Jüngling den Bord hinunter zu den Füßen seiner Braut. Beide flüchteten, uneingedenk jeder andern Gefahr, aus der Höle, den Hügel mit Anstrengung aller Kräfte wieder hinauf, und oben wurden sie erst gewahr, daß ein ungeheurer Regenguß wüthete, welcher den Vater von da vertrieben hatte, und zugleich mit solcher Gewalt, Steine und Sand nach der schaurigen Oeffnung hinabzuwälzen begann, daß solche vor ihren Augen verschüttet ward, und man auch nachher nie wieder hat da hineinfinden können. Der junge Mensch aber hatte das Schwerdt seines Ahnen mit heraus gebracht. Er ließ mit der Zeit den goldenen Griff einschmelzen, und ward so reich davon, daß ihm der Brautvater seine Geliebte ohne Bedenken antrauen ließ. Mit der ungeheuren Klinge aber wußten sie nichts bessers anzufangen, als daß sie Wirthschafts- und andere Geräthschaften, so viel sich thun ließ, daraus schmieden ließen. M. F.

4. Der Griffel Gottes.
(8. October.)

In Polen war eine Gräfinn von P...., eine bejahrte Dame, die ein sehr bösartiges Leben führte, und besonders ihre Untergebenen, durch ihren Geiz und ihre Grausamkeit, bis auf das Blut quälte. Diese Dame, als sie starb, vermachte einem Kloster, das ihr die Absolution ertheilt hatte, ihr Vermögen; wofür ihr das Kloster, auf dem Gottesacker, einen kostbaren, aus Erz gegossenen, Leichenstein setzen ließ, auf welchem dieses Umstandes, mit vielem Gepränge, Erwähnung geschehen war. Tags darauf schlug der Blitz, das Erz schmelzend, über dem Leichenstein ein, und ließ nichts, als eine Anzahl von Buchstaben stehen, die, zusammen gelesen, also lauteten: sie ist gerichtet! — Der Vorfall (die Schriftgelehrten mögen ihn erklären) ist gegründet; der Leichenstein existirt noch, und es leben Männer in dieser Stadt, die ihn sammt der besagten Inschrift gesehen.

5. Muthwille des Himmels.
Eine Anekdote.
(10. October.)

Der in Frankfurt an der Oder, wo er ein Infanterie-Regiment besaß, verstorbene General Dieringshofen, ein Mann von strengem und rechtschaffenem Charakter, aber dabei von manchen Eigenthümlichkeiten und Wunderlichkeiten, äußerte, als er, in spätem Alter, an einer langwierigen Krankheit, auf den Tod darniederlag, seinen Widerwillen, unter die Hände der Leichenwäscherinnen zu fallen. Er befahl bestimmt, daß niemand, ohne Ausnahme, seinen Leib berühren solle; daß er ganz und gar in dem Zustand, in welchem er sterben würde, mit Nachtmütze, Hosen und Schlafrock, wie er sie trage, in den Sarg gelegt und begraben sein wolle; und bat den damaligen Feldprediger seines Regiments, Herrn P..., welcher der Freund seines Hauses war, die Sorge für die Vollstreckung dieses seines letzten Willens zu übernehmen. Der Feldprediger P... versprach es ihm: er verpflichtete sich, um jedem Zufall vorzubeugen, bis zu seiner Bestattung,

von dem Augenblick an, da er verschieden sein würde, nicht
von seiner Seite zu weichen. Darauf nach Verlauf mehrerer
Wochen, kömmt, bei der ersten Frühe des Tages, der Kam=
merdiener in das Haus des Feldpredigers, der noch schläft,
und meldet ihm, daß der General um die Stunde der Mitter=
nacht schon, sanft und ruhig, wie es vorauszusehen war, ge=
storben sei. Der Feldprediger P... zieht sich, seinem Ver=
sprechen getreu, sogleich an, und begiebt sich in die Wohnung
des Generals. Was aber findet er? — Die Leiche des Ge=
nerals schon eingeseift auf einem Schemel sitzen: der Kam=
merdiener, der von dem Befehl nichts gewußt, hatte einen
Barbier herbeigerufen, um ihm vorläufig zum Behuf einer
schicklichen Ausstellung, den Bart abzunehmen. Was sollte
der Feldprediger unter so wunderlichen Umständen machen?
Er schalt den Kammerdiener aus, daß er ihn nicht früher
herbeigerufen hatte; schickte den Barbier, der den Herrn bei
der Nase gefaßt hielt, hinweg, und ließ ihn, weil doch nichts
anders übrig blieb, eingeseift und mit halbem Bart, wie er
ihn vorfand, in den Sarg legen und begraben. r.

6. Anekdote aus dem letzten Kriege.
(20. October.)

Den ungeheuersten Witz, der vielleicht, so lange die Erde
steht, über Menschenlippen gekommen ist, hat, im Lauf des
letztverflossenen Krieges, ein Tambour gemacht; ein Tambour
meines Wissens von dem damaligen Regiment von Putt=
kammer; ein Mensch, zu dem, wie man gleich hören wird,
weder die griechische noch römische Geschichte ein Gegenstück

liefert. Dieser hatte, nach Zersprengung der preußischen Armee bei Jena, ein Gewehr aufgetrieben, mit welchem er, auf seine eigne Hand, den Krieg fortsetzte; dergestalt, daß da er, auf der Landstraße, Alles, was ihm an Franzosen in den Schuß kam, niederstreckte und ausplünderte, er von einem Haufen französischer Gensdarmen, die ihn aufspürten, ergriffen, nach der Stadt geschleppt, und, wie es ihm zukam, verurtheilt ward, erschossen zu werden. Als er den Platz, wo die Execution vor sich gehen sollte, betreten hatte, und wohl sah, daß Alles, was er zu seiner Rechtfertigung vorbrachte, vergebens war, bat er sich von dem Obristen, der das Detaschement commandirte, eine Gnade aus; und da der Obrist, inzwischen die Officiere, die ihn umringten, in gespannter Erwartung zusammentraten, ihn fragte: was er wolle? zog er sich die Hosen ab, und sprach: sie mögten ihn in den ... schießen, damit das F.. kein L... bekäme. — Wobei man noch die Shakespearsche Eigenschaft bemerken muß, daß der Tambour mit seinem Witz, aus seiner Sphäre als Trommelschläger nicht herausging. *x.*

7. Der Branntweinsäufer und die Berliner Glocken.
Eine Anekdote.

(19. October.)

Ein Soldat vom ehemaligen Regiment Lignowski, ein heilloser und unverbesserlicher Säufer, versprach nach unendlichen Schlägen, die er deshalb bekam, daß er seine Aufführung bessern und sich des Branntweins enthalten wolle. Er hielt auch, in der That, Wort, während drei Tage: ward

aber am Vierten wieder besoffen in einem Rennstein gefun=
den, und, von einem Unterofficier, in Arrest gebracht. Im
Verhör befragte man ihn, warum er, seines Vorsatzes unein=
gedenk sich von Neuem dem Laster des Trunks ergeben habe?
„Herr Hauptmann!" antwortete er; „es ist nicht meine Schuld.
Ich ging in Geschäften eines Kaufmanns, mit einer Kiste
Färbholz, über den Lustgarten; da läuteten vom Dom herab
die Glocken: Pommeranzen! Pommeranzen! Pommeran=
zen!" Läut', Teufel, läut, sprach ich, und gedachte meines
Vorsatzes und trank nichts. In der Königsstraße, wo ich die
Kiste abgeben sollte, steh ich einen Augenblick, um mich aus=
zuruhen, vor dem Rathhaus still: da bimmelt es vom Thurm
herab: „Kümmel! Kümmel! Kümmel! — Kümmel! Kümmel!
Kümmel!" Ich sage zum Thurm: bimmle du, daß die
Wolken reißen — und gedenke, mein Seel, gedenke meines
Vorsatzes, ob ich gleich durstig war, und trinke nichts. Drauf
führt mich der Teufel, auf dem Rückweg, über den Spittel=
markt; und da ich eben vor einer Kneipe, wo mehr denn
dreißig Gäste beisammen waren, stehe, geht es, vom Spittel=
thurm herab: „Anisette! Anisette! Anisette!" Was kostet das
Glas, frag' ich? Der Wirth spricht: Sechs Pfennige. Geb'
er her, sag' ich — und was weiter aus mir geworden ist,
das weiß ich nicht. *xyz*.

8. Tages-Ereigniß.
(7. November.)

Das Verbrechen des Ulahnen Hahn, der heute hinge=
richtet ward, bestand darin, daß er dem Wachtmeister Pape,
der ihn, eines kleinen Dienstversehens wegen, auf höheren

Befehl, arretiren wollte, und deshalb, von der Straße her, zu=
rief, ihm in die Wache zu folgen, indem er das Fenster, an
dem er stand, zuwarf, antwortete: von einem solchen Laffen
ließe er sich nicht in Arrest bringen. Hierauf verfügte der
Wachtmeister Pape, um ihn mit Gewalt fortzuschaffen, sich
in das Zimmer desselben: stürzte aber, von einer Pistolen=
kugel des Rasenden getroffen, sogleich todt zu Boden nieder.
Ja, als auf den Schuß, mehrere Soldaten seines Regiments
herbeieilten, schien er sie, mit den Waffen in der Hand, in
Respect halten zu wollen, und jagte noch eine Kugel durch
das Hirn des in seinem Blute schwimmenden Wachtmeisters;
ward aber gleichwohl, durch einige beherzte Cameraden, ent=
waffnet und ins Gefängniß gebracht. Se. Maj. der König
haben, wegen der Unzweideutigkeit des Rechtsfalls befohlen,
ungesäumt mit der Vollstreckung des, von den Militair=
Gerichten gefällten, Rechtsspruchs, der ihm das Rad zuerkannte,
vorzugehen.

9. Der verlegene Magistrat.
Eine Anekdote.
(4. October.)

Ein H...r Stadtsoldat hatte vor nicht gar langer Zeit,
ohne Erlaubniß seines Offiziers, die Stadtwache verlassen.
Nach einem uralten Gesetz steht auf ein Verbrechen dieser
Art, das sonst der Streifereien des Adels wegen, von großer
Wichtigkeit war, eigentlich der Tod. Gleichwohl, ohne das
Gesetz mit bestimmten Worten aufzuheben, ist davon seit
vielen hundert Jahren kein Gebrauch mehr gemacht worden:

dergestalt, daß statt auf die Todesstrafe zu erkennen, derjenige, der sich dessen schuldig macht, nach einem feststehenden Gebrauch, zu einer bloßen Geldstrafe, die er an die Stadtcasse zu erlegen hat, verurtheilt wird. Der besagte Kerl aber, der keine Lust haben mochte, das Geld zu entrichten, erklärte, zur großen Bestürzung des Magistrats: daß er, weil es ihm einmal zukomme, dem Gesetz gemäß, sterben wolle. Der Magistrat, der ein Mißverständniß vermuthete, schickte einen Deputirten an den Kerl ab, und ließ ihm bedeuten, um wieviel vortheilhafter es für ihn wäre, einige Gulden Geld zu erlegen, als arquebusirt zu werden. Doch der Kerl blieb dabei, daß er seines Lebens müde sei, und daß er sterben wolle: dergestalt, daß dem Magistrat, der kein Blut vergießen wollte, nichts übrig blieb, als dem Schelm die Geldstrafe zu erlassen, und noch froh war, als er erklärte, daß er, bei so bewandten Umständen am Leben bleiben wolle. *rz.*

10. Charité-Vorfall.
(13. October.)

Der von einem Kutscher kürzlich übergefahrne Mann, Namens Beyer, hat bereits dreimal in seinem Leben ein ähnliches Schicksal gehabt; dergestalt, daß bei der Untersuchung, die der Geheimerath Hr. K. in der Charité mit ihm vornahm, die lächerlichsten Mißverständnisse vorfielen. Der Geheimerath, der zuvörderst seine beiden Beine, welche krumm und schief und mit Blut bedeckt waren, bemerkte, fragte ihn: ob er an diesen Gliedern verletzt wäre? worauf der Mann jedoch erwiederte: nein! die Beine wären ihm schon vor fünf Jahren, durch einen andern Doktor, abgefahren worden. Hierauf bemerkte ein Arzt, der dem Geheimenrath zur Seite stand, daß sein linkes Auge geplatzt war; als man ihn jedoch fragte: ob ihn das Rad hier getroffen hätte? antwortete er: nein! das Auge hätte ihm ein Doktor bereits vor 14 Jahren ausgefahren. Endlich, zum Erstaunen aller Anwesenden, fand sich, daß ihm die linke Rippenhälfte, in jämmerlicher Verstümmelung, ganz auf den Rücken gedreht war; als aber der Geheimerath ihn fragte: ob ihn des Doktors Wagen hier beschädigt hätte, antwortete er: nein! die Rippen wären ihm schon vor 7 Jahren durch einen Doktorwagen zusammengefahren worden. — Bis sich endlich zeigte, daß ihm durch die letztere Ueberfahrt der linke Ohrknorpel ins Gehörorgan hineingefahren war. — Der Berichterstatter hat den Mann selbst über diesen Vorfall vernommen, und selbst die Todtkranken, die in dem Saale auf den Betten herumlagen, mußten, über die spaßhafte und indolente Weise, wie er dies vorbrachte, lachen. — Uebrigens bessert er sich; und falls er sich vor den Doktoren, wenn er auf der Straße geht, in Acht nimmt, kann er noch lange leben.

11. Anekdote.
(14. October.)

Bach, als seine Frau starb, sollte zum Begräbniß Anstalt machen. Der arme Mann war aber gewohnt, Alles durch seine Frau besorgen zu lassen; dergestalt daß da ein alter Bedienter kam, und ihm für Trauerflor, den er einkaufen wollte, Geld abforderte, er unter stillen Thränen, den Kopf auf einen Tisch gestützt, antwortete: „sagt's meiner Frau". —

12. Räthsel.
(1. November.)

Ein junger Doktor der Rechte und eine Stiftsdame, von denen kein Mensch wußte, daß sie mit einander in Verhältniß standen, befanden sich einst bei dem Commendanten der Stadt, in einer zahlreichen und ansehnlichen Gesellschaft. Die Dame, jung und schön, trug, wie es zu derselben Zeit Mode war, ein kleines schwarzes Schönpfläsierchen im Gesicht, und zwar dicht über der Lippe, auf der rechten Seite des Mundes. Irgend ein Zufall veranlaßte, daß die Gesellschaft sich auf einen Augenblick aus dem Zimmer entfernte, dergestalt, daß nur der Doktor und die besagte Dame darin zurückblieben. Als die Gesellschaft zurückkehrte, fand sich, zum allgemeinen Befremden derselben, daß der Doctor das Schönpfläsierchen im Gesichte trug, und zwar gleichfalls über der Lippe, aber auf der linken Seite des Mundes. —

13. Anekdote.
(22. November.)

Zwei berühmte Englische Baxer, der Eine aus Portsmouth gebürtig, der Andere aus Plymouth, die seit vielen Jahren von einander gehört hatten, ohne sich zu sehen, beschlossen, da sie in London zusammentrafen, zur Entscheidnung der Frage, wem von ihnen der Siegerruhm gebühre, einen öffentlichen Wettkampf zu halten. Demnach stellten sich beide, im Angesicht des Volks, mit geballten Fäusten, im Garten einer Kneipe, gegeneinander, und als der Plymouther den Ports-

mouther, in wenig Augenblicken, dergestalt auf die Brust traf,
daß er Blut spie, rief dieser, indem er sich den Mund ab=
wischte: brav! — Als aber bald darauf, da sie sich wieder
gestellt hatten, der Portsmouther den Plymouther, mit der
Faust der geballten Rechten, dergestalt auf den Leib traf, daß
dieser, indem er die Augen verkehrte, umfiel, rief der Letztere:
das ist auch nicht übel —! Worauf das Volk, das im Kreise
herumstand, laut aufjauchzte, und, während der Plymouther,
der an den Gedärmen verletzt worden war, todt weggetragen
ward, dem Portsmouther den Siegesruhm zuerkannte. — Der
Portsmouther soll aber auch Tags darauf am Blutsturz ge=
storben sein.

14. Anekdote.

(27. November.)

Der Czar Iwan Basilowitz, mit dem Beinamen der
Tyrann, ließ einem fremden Gesandten, der, nach der dama=
ligen Europäischen Etikette, mit bedecktem Haupte vor ihm
erschien, den Hut auf den Kopf nageln. Diese Grausamkeit
vermogte nicht den Botschafter der Königin Elisabeth von
England, Sir Jeremias Bowes, abzuschrecken. Er hatte die
Kühnheit den Hut auf dem Kopfe, vor dem Czaar zu erschei=
nen. Dieser fragte ihn, ob er nicht von der Strafe gehört
hätte, die einem andern Gesandten widerfahren wäre, welcher
sich eine solche Freiheit herausgenommen? „Ja, Herr, erwi=
derte Bowes, aber ich bin der Botschafter der Königin von
England, die nie, vor irgend einem Fürsten in der Welt,
anders, wie mit bedecktem Haupte erschienen ist. Ich bin ihr

Repräsentant, und wenn mir die geringste Beleidigung widerfährt, so wird sie mich zu rächen wissen." Das ist ein braver Mann, sagte der Czaar, indem er sich zu seinen Hofleuten wandte, der für die Ehre seiner Monarchin zu handeln und zu reden versteht: wer von Euch hätte das nämliche für mich gethan?"

Hierauf wurde der Bothschafter der Favorit des Czars. Diese Gunst zog ihm den Neid des Adels zu. Einer der Großen, der zuweilen den vertrauten Ton mit dem Monarchen annehmen durfte, beredete ihn, die Geschicklichkeit des Bothschafters auf die Probe zu stellen. Man sagte nämlich, daß er ein sehr geschickter Reuter wäre. Nun wurde ihm, um den Beweis davon zu führen, ein ungebändigtes sehr wildes Pferd vor dem Czar zu reiten gegeben, und man hoffte, daß Bowes zum wenigsten mit einer derben Lähmung das Kunststück bezahlen würde. Indessen widerfuhr der neidischen Eifersucht der Verdruß, sich betrogen zu sehn. Der brave Engländer bändigte nicht nur das Pferd, sondern er jagte es dermaßen zusammen, daß es kraftlos wieder heimgeführt wurde, und wenige Tage nachher crepirte. Dieses Abentheuer vermehrte den Credit des Bothschafters bei dem Czar, der ihm jederzeit nachher die ausgezeichnetsten Beweise seiner Huld widerfahren ließ.

(Barrow's Sammlung von Reisebeschreibungen nach der französischen Uebersetzung von Targe. 1766.)

4. Kunst und Theater.

1. Empfindungen vor Friedrichs Seelandschaft.
(13. October.)

Herrlich ist es, in einer unendlichen Einsamkeit am Meeresufer, unter trübem Himmel, auf eine unbegränzte Wasserwüste, hinauszuschauen. Dazu gehört gleichwohl, daß man dahin gegangen sei, daß man zurück muß, daß man hinüber mögte, daß man es nicht kann, daß man Alles zum Leben vermißt, und die Stimme des Lebens dennoch im Rauschen der Fluth, im Wehen der Luft, im Ziehen der Wolken, dem einsamen Geschrei der Vögel, vernimmt. Dazu gehört ein Anspruch, den das Herz macht, und ein Abbruch, um mich so auszubrücken, den Einem die Natur thut. Dies aber ist vor dem Bilde unmöglich, und das, was ich in dem Bilde selbst finden sollte, fand ich erst zwischen mir und dem Bilde, nehmlich einen Anspruch, den mein Herz an das Bild machte, und einen Abbruch, den mir das Bild that; und so ward ich selbst der Kapuziner, das Bild warb die Düne, das aber, wo hinaus ich mit Sehnsucht blicken sollte, die See, fehlte ganz. Nichts kann trauriger und unbehaglicher sein, als diese Stellung in der Welt: der einzige Lebensfunke im

weiten Reiche des Todes, der einsame Mittelpunct im ein=
samen Kreis. Das Bild liegt, mit seinen zwei oder drei
geheimnißvollen Gegenständen, wie die Apokalypse da, als ob
es Joungs Nachtgedanken hätte, und da es, in seiner Ein=
förmigkeit und Uferlosigkeit, nichts, als den Rahm, zum Vor=
dergrund hat, so ist es, wenn man es betrachtet, als ob Einem
die Augenlieder weggeschnitten wären. Gleichwohl hat der
Mahler Zweifels ohne eine ganz neue Bahn im Felde seiner
Kunst gebrochen; und ich bin überzeugt, daß sich, mit seinem
Geiste, eine Quadratmeile märkischen Sandes darstellen ließe,
mit einem Berberitzenstrauch, worauf sich eine Krähe einsam
plustert, und daß dies Bild eine wahrhafte Ossianische oder
Kosegartensche Wirkung thun müßte. Ja, wenn man diese
Landschaft mit ihrer eignen Kreide und mit ihrem eigenen
Wasser mahlte; so, glaube ich, man könnte die Füchse und
Wölfe damit zum Heulen bringen: das Stärkste, was man,
ohne allen Zweifel, zum Lobe für diese Art von Landschafts=
mahlerei beibringen kann. — Doch meine eigenen Empfindun=
gen, über dies wunderbare Gemählde, sind zu verworren; daher
habe ich mir, ehe ich sie ganz auszusprechen wage, vorge=
nommen, mich durch die Aeußerungen derer, die paarweise,
von Morgen bis Abend, daran vorübergehen, zu belehren.

cb.

2. Brief eines Mahlers an seinen Sohn.
(22. October.)

Mein lieber Sohn,

Du schreibst mir, daß du eine Madonna mahlst, und daß dein Gefühl dir, für die Vollendung dieses Werks, so unrein und körperlich dünkt, daß du jedesmal, bevor du zum Pinsel greifst, das Abendmal nehmen mögtest, um es zu heiligen. Laß dir von deinem alten Vater sagen, daß dies eine falsche, dir von der Schule, aus der du herstammst, anklebende Begeisterung ist, und daß es, nach Anleitung unserer würdigen alten Meister, mit einer gemeinen, aber übrigens rechtschaffenen Lust an dem Spiel, deine Einbildungen auf die Leinwand zu bringen, völlig abgemacht ist. Die Welt ist eine wunderliche Einrichtung; und die göttlichsten Wirkungen, mein lieber Sohn, gehen aus den niedrigsten und unscheinbarsten Ursachen hervor. Der Mensch, um dir ein Beispiel zu geben, das in die Augen springt, gewiß, er ist ein erhabenes Geschöpf; und gleichwohl, in dem Augenblick, da man ihn macht, ist es nicht nöthig, daß man dieß, mit vieler Heiligkeit, bedenke. Ja, derjenige, der das Abendmahl darauf nähme, und mit dem bloßen Vorsatz ans Werk gienge, seinen Begriff davon in der Sinnenwelt zu construiren, würde ohnfehlbar ein ärmliches und gebrechliches Wesen hervorbringen; dagegen derjenige, der, in einer heitern Sommernacht, ein Mädchen, ohne weiteren Gedanken, küßt, zweifelsohne einen Jungen zur Welt bringt, der nachher, auf rüstige Weise, zwischen Erde und Himmel herumklettert, und den Philosophen zu schaffen giebt. Und hiermit Gott befohlen. y.

3. Brief eines jungen Dichters an einen jungen Mahler.
(6. November.)

Uns Dichtern ist es unbegreiflich, wie ihr euch entschlie=
ßen könnt, ihr lieben Mahler, deren Kunst etwas so Unend=
liches ist, Jahre lang zuzubringen mit dem Geschäft, die Werke
eurer großen Meister zu copiren. Die Lehrer, bei denen
ihr in die Schule geht, sagt ihr, leiden nicht, daß ihr eure
Einbildungen, ehe die Zeit gekommen ist, auf die Leinewand
bringt; wären wir aber, wir Dichter, in eurem Fall gewesen,
so meine ich, wir würden unsern Rücken lieber unendlichen
Schlägen ausgesetzt haben, als diesem grausamen Verbot ein
Genüge zu thun. Die Einbildungskraft würde sich, auf ganz
unüberwindliche Weise, in unseren Brüsten geregt haben, und
wir, unseren unmenschlichen Lehrern zum Trotz, gleich, sobald
wir nur gewußt hätten, daß man mit dem Büschel, und nicht
mit dem Stock am Pinsel mahlen müsse, heimlich zur Nacht=
zeit die Thüren verschlossen haben, um uns in der Erfindung,
diesem Spiel der Seeligen, zu versuchen. Da, wo sich die
Phantasie in euren jungen Gemüthern vorfindet, scheint uns,
müsse sie, unerbittlich und unrettbar, durch die endlose Unter=
thänigkeit, zu welcher ihr euch beim Copiren in Gallerieen
und Sälen verdammt, zu Grund und Boden gehen. Wir
wissen, in unsrer Ansicht schlecht und recht von der Sache
nicht, was es mehr bedarf, als das Bild, das euch rührt,
und dessen Vortrefflichkeit ihr euch anzueignen wünscht, mit
Innigkeit und Liebe, durch Stunden, Tage, Wochen, Mon=
den, oder meinethalben Jahre, anzuschauen. Wenigstens dünkt
uns, läßt sich ein doppelter Gebrauch von einem Bilde machen;

einmal der, den ihr davon macht, nämlich die Züge desselben nachzuschreiben, um euch die Fertigkeit der mahlerischen Schrift einzulernen; und dann in seinem Geist, gleich vom Anfang herein, nachzuerfinden. Und auch diese Fertigkeit müßte, sobald als nur irgend möglich, gegen die Kunst selbst, deren wesentlichstes Stück die Erfindung nach eigenthümlichen Gesetzen ist, an den Nagel gehängt werden. Denn die Aufgabe, Himmel und Erde! ist ja nicht, ein Anderer, sondern ihr selbst zu sein, und euch selbst, euer Eigenstes und Innerstes, durch Umriß und Farben, zur Anschauung zu bringen! Wie mögt ihr euch nur in dem Maaße verachten, daß ihr willigen könnt, ganz und gar auf Erden nicht vorhanden gewesen zu sein; da eben das Dasein so herrlicher Geister, als die sind, welche ihr bewundert, weit entfernt, euch zu vernichten, vielmehr allererst die rechte Lust in euch erwecken und mit der Kraft, heiter und tapfer, ausrüsten soll, auf eure eigne Weise gleichfalls zu sein? Aber ihr Leute, ihr bildet euch ein, ihr müßtet durch euren Meister, den Raphael oder Corregge, oder wen ihr euch sonst zum Vorbild gesetzt habt, hindurch; da ihr euch doch ganz und gar umkehren, mit dem Rücken gegen ihn stellen, und, in diametral=entgegengesetzter Richtung, den Gipfel der Kunst, den ihr im Auge habt, auffinden und ersteigen könntet. — So! sagt ihr und seht mich an: was der Herr uns da Neues sagt! und lächelt und zuckt die Achseln. Demnach, ihr Herren, Gott befohlen! Denn da Copernicus schon vor dreihundert Jahren gesagt hat, daß die Erde rund sei, so sehe ich nicht ein, was es helfen könnte, wenn ich es hier wiederholte. Lebet wohl! y.

4. **Theater. Den 2. October: Ton des Tages, Lustspiel von Voß.**
(4. October.)

Kant sagt irgendwo, in seiner Kritik der Urtheilskraft, daß der menschliche Verstand und die Hand des Menschen, zwei, auf nothwendige Weise, zu einander gehörige und auf einander berechnete, Dinge sind. Der Verstand, meint er, bedürfe, falls er in Wirksamkeit treten solle, ein Werkzeug von so mannichfaltiger und vielseitiger Vollkommenheit, als die Hand; und hinwiederum zeige die Struktur der Hand an, daß die Intelligenz, die dieselbe regiere, der menschliche Verstand sein müsse. Die Wahrheit dieses, dem Anschein nach paradoxen Satzes, leuchtet uns nie mehr ein, als wenn wir Herrn Iffland auf der Bühne sehen. Er drückt in der That, auf die erstaunenswürdigste Art, fast alle Zustände und innerliche Bewegungen des Gemüths damit aus. Nicht, als ob, bei seinen theatralischen Darstellungen, nicht seine Figur überhaupt, nach den Forderungen seiner Kunst, zweckmäßig mitwirkte: in diesem Fall würde das, was wir hier vorgebracht haben, ein Tadel sein. Es wird ihm, in der Pantomimik überhaupt, besonders in den bürgerlichen Stücken, nicht leicht ein Schauspieler heutiger Zeit gleichkommen. Aber von allen seinen Gliedern, behaupten wir, wirkt, in der Regel, keins, zum Ausdruck eines Affekts, so geschäftig mit, als die Hand; sie zieht die Aufmerksamkeit fast von seinem so ausdrucksvollen Gesicht ab: und so vortrefflich dies Spiel an und für sich auch sein mag, so glauben wir doch, daß ein Gebrauch, mäßiger und minder verschwenderisch, als der, den er davon macht, seinem Spiel (wenn dasselbe noch etwas zu wünschen übrig läßt) vortheilhaft sein würde. *xy.*

5. Theater. Unmaßgebliche Bemerkung.
(17. October.)

Wenn man fragt, warum die Werke Göthe's so selten auf der Bühne gegeben werden, so ist die Antwort gemeinhin, daß diese Stücke, so vortrefflich sie auch sein mögen, der Casse nur, nach einer häufig wiederholten Erfahrung, von unbedeutendem Vortheil sind. Nun geht zwar, ich gestehe es, eine Theater-Direction, die, bei der Auswahl ihrer Stücke, auf nichts, als das Mittel sieht, wie sie besteht, auf gar einfachem und natürlichem Wege, zu dem Ziel, der Nation ein gutes Theater zu Stande zu bringen. Denn so wie, nach Adam Smith, der Bäcker, ohne weitere chemische Einsicht in die Ursachen, schließen kann, daß seine Semmel gut sei, wenn sie fleißig gekauft wird: so kann die Direction, ohne sich im Mindesten mit der Kritik zu befassen, auf ganz unfehlbare Weise, schließen, daß sie gute Stücke auf die Bühne bringt, wenn Logen und Bänke immer, bei ihren Darstellungen, von Menschen wacker erfüllt sind. Aber dieser Grundsatz ist nur wahr, wo das Gewerbe frei, und eine uneingeschränkte Concurrenz der Bühnen eröffnet ist. In einer Stadt, in welcher mehrere Theater neben einander bestehn, wird allerdings, sobald auf irgend einem derselben, durch das einseitige Bestreben, Geld in die Casse zu locken, das Schauspiel entarten sollte, die Betriebsamkeit eines andern Theaterunternehmers, unterstützt von dem Kunstsinn des besseren Theils der Nation, auf den Einfall gerathen, die Gattung, in ihrer ursprünglichen Reinheit, wieder festzuhalten. Wo aber das Theater ein ausschließendes Privilegium hat, da könnte uns, durch die Anwendung eines solchen Grundsatzes, das Schauspiel ganz und gar abhanden kommen. Eine Direction, die einer solchen Anstalt vorsteht, hat eine Verpflichtung sich mit der Kritik zu befassen, und bedarf wegen ihres natürlichen Hanges, der Menge zu schmeicheln, schlechthin einer höhern Aufsicht des Staats. Und in der That, wenn auf einem Theater, wie das Berliner, mit Vernachlässigung aller andern Rücksichten, das höchste Gesetz, die Füllung der Casse wäre: so wäre die Scene unmittelbar, den spanischen Reutern, Taschenspielern und Farenmachern einzuräumen; ein Spectakel bei welchem die Casse, ohne Zweifel, bei weitem erwünschtere Rechnung finden wird, als bei den göthe'schen Stükken. Parodieen hat man schon, vor einiger Zeit, auf der Bühne gesehen; und wenn ein hinreichender Aufwand von Wiß, an welchem es diesen Producten zum Glück gänzlich gebrach, an ihre Erfindung gesetzt worden wäre, so würde es, bei der Frivolität der Gemüther, ein Leichtes gewesen sein, das Drama vermittelst ihrer, ganz und gar zu verdrängen. Ja, gesetzt, die Direction käme auf den Einfall, die göthe'schen Stücke so zu geben, daß die Männer die Weiber- und die Weiber die Männerrollen spielten: falls irgend auf Costüme und zweckmäßige Carrikatur einige Sorgfalt verwendet ist, so wette ich, man schlägt sich an der Casse um die Billets, das Stück muß drei Wochen hinter einander wiederholt werden, und die Direction ist mit einemmal wieder solvent. — Welches Erinnerungen sind, werth, wie uns dünkt, daß man sie beherzige.

H. v. K.

6. Schreiben aus Berlin.

(30. October.)

Den 28. October.

Die Oper Cendrillon, welche sich Mad. Bethmann zum Benefiz gewählt hat, und Herr Herclots bereits, zu diesem Zweck, übersetzt, soll, wie man sagt, der zum Grunde liegenden französischen Musik wegen, welche ein dreisilbiges Wort erfordert, Ascherlich, Ascherling oder Ascherlein u. s. w. nicht Aschenbrödel genannt werden. Brödel, von Brod oder, altdeutsch Brühe (brode im Französischen) heißt eine mit Fett und Schmutz bedeckte Frau; eine Bedeutung, in der sich das Wort, durch eben das, in Rede stehende, Mährchen, in welchem es, mit dem Muthwillen freundlicher Ironie, einem zarten und lieben Kinde von überaus schimmernder Reinheit an Leib und Seele, gegeben wird, allgemein beim Volk erhalten hat. Warum, ehe man diesem Mährchen dergestalt, durch Unterschiebung eines, an sich gut gewählten, aber gleichwohl willkührlichen und bedeutungslosen Namens, an das Leben greift, zieht man nicht lieber, der Musik zu Gefallen, das „del" in „d'l" zusammen, oder elidirt das d ganz und gar? Ein österreichischer Dichter würde ohne Zweifel keinen Anstand nehmen, zu sagen: Aschenbröb'l oder Aschenbröl.

Ascherlich oder Aschenbröb'l selbst wird Mademois. Maas; Mad. Bethmann, wie es heißt, die Rolle einer der eifersüchtigen Schwestern übernehmen. Mlle. Maas ist ohne Zweifel durch mehr, als die bloße Jugend, zu dieser Rolle berufen; von Mad. Bethmann aber sollte es uns leid thun, wenn sie glauben sollte, daß sie, ihres Alters wegen, davon ausgeschlossen wäre. Diese Resignation käme (wir meinen, wenn nicht den größesten, doch den verständigsten Theil des Publicums, auf unserer Seite zu haben) noch um viele Jahre zu früh. Es ist, mit dem Spiel dieser Künstlerin, wie mit dem Gesang manchen alten Musikmeisters am Fortepiano. Er hat eine, von manchen Seiten mangelhafte, Stimme und kann sich, was den Vortrag betrift, mit keinem jungen, rüstigen Sänger messen. Gleichwohl, durch den Verstand und die ungemein zarte Empfindung, mit welcher er zu Werke geht, führt er, alle Verletzungen vermeidend, die Einbildung, in einzelnen Momenten, auf so richtige Wege, daß jeder sich mit Leichtigkeit das Fehlende ergänzt, und ein in der That höheres Vergnügen genießt, als ihm eine bessere Stimme, aber von einem geringern Genius regiert, gewährt haben würde. — Mad. Bethmanns größester Ruhm, meinen wir, nimmt allererst, wenn sie sich anders auf ihre Kräfte versteht, in einigen Jahren (in dem Alter, wo Andere ihn verlieren) seinen Anfang.

y.

7. Die sieben kleinen Kinder.
(8. November.)

Was mag aus einer Bande kleiner Sänger geworden sein, die im vorigen Jahre sich sehr häufig in vielen Straßen Berlins mit wenigen Liedern hören ließen, die aber so wunderbar auf einzelne Töne eingesungen waren, daß sie am ersten einen Begriff von der Russischen Hörnermusik geben konnten? Sie wurden, nach dem einen ihrer bekanntesten Lieder, meist die sieben kleinen Kinder genannt. Das Lied erzählte von Kindern, denen zu spät Brod gereicht worden, nachdem sie lange geschrieen und endlich aus Hunger gestorben waren. — Ist es diesen armen Schelmen, die wir immer mit besonderem Vergnügen gehört, etwa auch so ergangen?

Diese Kinder waren jedermann so bekannt, alle Kinder sangen ihnen nach, daß wir es kaum begreifen können, daß sie nicht in irgend ein lustiges Stück z. B. Rochus Pumpernickel, auf der Straße eingeführt worden, wo sie gewiß die allgemeinste Wirkung hervorgebracht hätten. Leider aber begnügen sich unsre Theater-Dichter die Späße fremder Städte, besonders Wiens, zu wiederholen; was aber bey uns lustig und erfreulich, dafür haben sie keine Fassung. So finden sich manche auf unserer Bühne, die den Wiener oder Schwäbischen Dialekt recht gut nachsprechen, aber keiner, der z. B. gut pommersch-plattdeutsch redete, was in der Rolle des Rochus Pumpernickel sicher recht eigenthümliche Wirkung bei uns thäte.

ava.

8. Von einem Kinde, das kindlicher Weise ein anderes Kind umbringt.

(13. November.)

„In einer Stadt Franecker genannt, gelegen in Westfriesland, da ist es geschehen, daß junge Kinder, fünf- sechsjährige, Mägdlein und Knaben mit einander spielten. Und sie ordneten ein Büblein an, das solle der Metzger sein, ein anderes Büblein, das solle Koch sein, und ein drittes Büblein, das solle eine Sau sein. Ein Mägdlein, ordneten sie, solle Köchin sein, wieder ein anderes, das solle Unterköchin sein; und die Unterköchin solle in einem Geschirrlein das Blut von der Sau empfahen, daß man Würste könne machen. Der

Metzger gerieth nun verabredetermaßen an das Büblein, das die Sau sollte sein, riß es nieder und schnitt ihm mit einem Messerlein die Gurgel auf; und die Unterköchinn empfing das Blut in ihrem Geschirrlein. Ein Rathsherr, der von ungefähr vorübergeht, sieht dies Elend; er nimmt von Stund' an den Metzger mit sich, und führt ihn in des Obersten Haus, welcher sogleich den ganzen Rath versammeln ließ. Sie saßen all' über diesen Handel, und wußten nicht, wie sie ihm thun sollten, denn sie sahen wohl, daß es kindlicher Weise geschehen war. Einer unter ihnen, ein alter weiser Mann, gab den Rath, der oberste Richter solle einen schönen rothen Apfel in die eine Hand nehmen, in die andere einen rheinischen Gulden, solle das Kind zu sich rufen, und beide Hände gleich gegen dasselbe ausstrecken; nehme es den Apfel, so solle es lebig erkannt werden, nehme es aber den Gulden, so solle man es auch tödten. Dem wird gefolgt; das Kind aber ergreift den Apfel lachend, wird also aller Strafe lebig erkannt."

Diese rührende Geschichte aus einem alten Buche gewinnt ein neues Interesse durch das letzte kleine Trauerspiel Werners, der vier und zwanzigste Februar genannt, welches in Weimar und Lauchstädt schon oft, und mit einem so lebhaften Antheil gesehen worden ist, als vielleicht kein Werk eines modernen Dichters. Das unselige Mordmesser, welches in jener Tragödie der unruhige Dolch des Schicksals ist, (vielleicht derselbe, den Macbeth vor sich her zur Schlafkammer des Königs gehen sieht) ist dasselbe Messer, womit der eine Knabe den anderen getödtet, und er empfängt in jener That seine erste blutige Weihe. Wir wissen nicht, ob

Werner die obige Geschichte ganz gekannt oder erzählt hat, denn jenes treflichste und darstellbarste Werk Werners, zu dem nur drei Personen, Vater und Mutter und Sohn, nur eine doppelte durchgeschlagene Schweizer Bauerstube, ein Schrank, ein Messer und etwas Schnee, den der Winter gewiß bald bringen wird, die nöthigen Requisite sind, ist auf unserer Bühne noch nicht aufgeführt worden. Gleichwohl besitzen wir mehr, als die Weimaraner, um es zu geben, einen Iffland, eine Bethmann und Schauspieler, um den Sohn darzustellen, im Ueberfluß. Möge diese kleine Mittheilung den Sinn und den guten Willen dazu anregen.

5. Gemeinnütziges.

1. Allerneuester Erziehungsplan.
(29 — 31. October; 9. 10. November.)

Zu welchen abentheuerlichen Unternehmungen, sei es nun das Bedürfniß, sich auf eine oder die andere Weise zu ernähren, oder auch die bloße Sucht, neu zu sein, die Menschen verführen, und wie lustig dem zufolge oft die Insinuationen sind, die an die Redaction dieser Blätter einlaufen: davon möge folgender Aufsatz, der uns kürzlich zugekommen ist, eine Probe sein.

Allerneuester Erziehungsplan.

Hochgeehrtes Publicum,

Die Experimental-Physik, in dem Capitel von den Eigenschaften elektrischer Körper, lehrt, daß wenn man in der Nähe dieser Körper, oder, um kunstgerecht zu reden, in ihre Atmosphäre, einen unelektrischen (neutralen) Körper bringt, dieser plötzlich gleichfalls elektrisch wird, und zwar die entgegengesetzte Elektricität annimmt. Es ist als ob die Natur einen Abscheu hätte, gegen Alles, was, durch eine Verbindung von Umständen, einen überwiegenden und unförmlichen Werth angenommen hat; und zwischen je zwei Körpern, die sich berühren, scheint ein Bestreben angeordnet zu sein, das ursprüngliche Gleichgewicht, das zwischen ihnen aufgehoben ist, wieder herzustellen. Wenn der elektrische Körper positiv ist: so flieht aus dem unelektrischen Alles, was an natürlicher Elektricität darin vorhanden ist, in den äußersten und entferntesten Raum desselben, und bildet, in den, jenem zunächst liegenden Theilen eine Art von Vacuum, das sich geneigt zeigt, den Elektricitäts=Ueberschuß, woran jener, auf gewisse Weise, krank ist, in sich aufzunehmen; und ist der elektrische Körper negativ, so häuft sich, in dem unelektrischen, und zwar in den Theilen, die dem elektrischen zunächst liegen, die natürliche Elektricität schlag=fertig an, nur auf den Augenblick harrend, den Elektricitäts=Mangel umgekehrt, woran jener krank ist, damit zu ersetzen. Bringt man den unelektrischen Körper in den Schlagraum des elektrischen, so fällt, es sei nun von diesem zu jenem, oder von jenem zu diesem, der Funken: das Gleichgewicht ist hergestellt, und beide Körper sind einander an Elektricität völlig gleich.

Dieses höchst merkwürdige Gesetz findet sich, auf eine, unseres Wissens, noch wenig beachtete Weise, auch in der moralischen Welt; dergestalt, daß ein Mensch, dessen Zustand indifferent ist, nicht nur augenblicklich aufhört, es zu sein, sobald er mit einem Anderen, dessen Eigenschaften, gleichviel auf welche Weise, bestimmt sind, in Berührung tritt: sein Wesen wird sogar, um mich so auszudrücken, gänzlich in den entgegengesetzten Pol hinübergespielt; er nimmt die Bedin=gung + an, wenn jener von der Bedingung —, und die Bedingung —, wenn jener von der Bedingung + ist.

Einige Beispiele, hochverehrtes Publicum, werden dies deutlicher machen.

Das gemeine Gesetz des Widerspruchs ist jedermann, aus eigner Erfahrung, bekannt; das Gesetz, das uns geneigt macht, uns, mit unserer Meinung, immer auf die entgegengesetzte Seite hinüber zu werfen. Jemand sagt mir, ein Mensch, der am Fenster vorübergeht, sei so dick, wie eine Tonne. Die Wahrheit zu sagen, er ist von gewöhnlicher Corpulenz. Ich aber, da ich ans Fenster komme, ich berichtige diesen Irrthum nicht bloß: ich rufe Gott zum Zeugen an, der Kerl sei so dünn, als ein Stecken.

Oder eine Frau hat sich, mit ihrem Liebhaber, ein Rendezvous menagirt. Der Mann, in der Regel, geht des Abends, um Triktrak zu spielen, in die Tabagie; gleichwohl, um sicher zu gehen, schlingt sie den Arm um ihn, und spricht: mein lieber Mann! Ich habe die Hammelkeule, von heute Mittag, aufwärmen lassen. Niemand besucht mich, wir sind ganz allein; laß uns den heutigen Abend einmal in recht heiterer und vertraulicher Abgeschlossenheit zubringen. Der Mann, der gestern schweres Geld in der Tabagie verlor, dachte in der That heut, aus Rücksicht auf seine Casse, zu Hause zu bleiben; doch plötzlich wird ihm die entsetzliche Langeweile klar, die ihm, seiner Frau gegenüber, im Hause verwartet. Er spricht: liebe Frau! Ich habe einem Freunde versprochen, ihm im Triktrak, worin ich gestern gewann, Revange zu geben. Laß mich, auf eine Stunde, wenn es sein kann, in die Tabagie gehn; morgen von Herzen gern stehe ich zu deinen Diensten.

Aber das Gesetz, von dem wir sprechen, gilt nicht bloß von Meinungen und Begehrungen, sondern auf weit allgemeinere Weise, auch von Gefühlen, Affecten, Eigenschaften und Charakteren.

Ein Portugiesischer Schiffskapitain, der, auf dem Mittelländischen Meer, von drei Venetianischen Fahrzeugen angegriffen ward, befahl, entschlossen wie er war, in Gegenwart aller seiner Officiere und Soldaten, einem Feuerwerker, daß sobald irgend auf dem Verdeck ein Wort von Uebergabe laut werden würde, er, ohne weiteren Befehl, nach der Pulverkammer gehen, und das Schiff in die Luft sprengen mögte. Da man sich vergebens, bis gegen Abend, gegen die Uebermacht herumgeschlagen hatte, und allen Forderungen, die die Ehre an die Equipage machen konnte, ein Genüge geschehen war: traten die Officiere in vollzähliger Versammlung den Capitain an, und forderten ihn auf, das Schiff zu übergeben. Der Capitain, ohne zu antworten, kehrte sich um, und fragte, wo der Feuerwerker sei; seine Absicht, wie er nachher versichert hat, war, ihm aufzugeben, auf der Stelle den Befehl, den er ihm ertheilt, zu vollstrecken. Als er aber den Mann schon, die brennende Lunte in der Hand, unter den Fässern, in Mitten der Pulverkammer fand: ergriff er ihn plötzlich, von Schrecken bleich, bei der Brust, riß ihn, in Vergessenheit aller anderen Gefahr, aus der Kammer heraus, trat die Lunte, unter Flüchen und Schimpfwörtern, mit Füßen aus und warf sie in's Meer. Den Officieren aber sagte er, daß sie die weiße Fahne aufstecken mögten, indem er sich übergeben wolle.

Ich selbst, um ein Beispiel aus meiner Erfahrung zu geben, lebte, vor einigen Jahren, aus gemeinschaftlicher Kasse, in einer kleinen Stadt am Rhein, mit einer Schwester. Das Mädchen war in der That bloß, was man, im gemeinen Leben, eine gute Wirthinn nennt; freigebig sogar in manchen Stücken; ich hatte es selbst erfahren. Doch weil ich locker und lose war, und das Geld auf keine Weise achtete: so fieng sie an zu knickern und zu knausern; ja, ich bin überzeugt, daß sie geizig geworden wäre, und mir Rüben in den Caffe und Lichter in die Suppe gethan hätte. Aber das Schicksal wollte zu ihrem Glücke, daß wir uns trennten.

Wer dies Gesetz recht begreift, dem wird die Erscheinung gar nicht mehr fremd sein, die den Philosophen so viel zu schaffen giebt: die Erscheinung, daß große Männer, in der Regel, immer von unbedeutenden und obscuren Eltern abstammen, und eben so wieder Kinder groß ziehen, die in jeder Rücksicht untergeordnet und geringartig sind. Und in der That, man kann das Experiment, wie die moralische Atmosphäre, in dieser Hinsicht, wirkt, alle Tage anstellen. Man bringe nur einmal Alles, was, in einer Stadt, an Philosophen, Schöngeistern, Dichtern und Künstlern, vorhanden ist, in einen Saal zusammen: so werden einige, aus ihrer Mitte, auf der Stelle bumm werden; wobei wir uns, mit völliger Sicherheit, auf die Erfahrung eines jeden berufen, der solchem Thee oder Punsch einmal beigewohnt hat.

Wie vielen Einschränkungen ist der Satz unterworfen: daß schlechte Gesellschaften gute Sitten verderben; da doch schon Männer wie Basedow und Campe, die doch sonst, in ihrem Erziehungs=Handwerk, wenig gegensätzisch verfuhren, angerathen haben, jungen Leuten zuweilen den Anblick böser Beispiele zu verschaffen, um sie von dem Laster abzuschrecken. Und wahrlich, wenn man die gute Gesellschaft, mit der schlechten, in Hinsicht auf das Vermögen, die Sitte zu entwickeln, vergleicht, so weiß man nicht, für welche man sich entscheiden soll, da, in der guten, die Sitte nur nachgeahmt werden kann, in der schlechten hingegen, durch eine eigenthümliche Kraft des Herzens erfunden werden muß. Ein Taugenichts mag, in tausend Fällen, ein junges Gemüth, durch sein Beispiel, verführen, sich auf Seiten des Lasters hinüber zu stellen; tausend andere Fälle aber giebt es, wo es, in natürlicher Reaction, das Polar-Verhältniß gegen dasselbe annimmt; und dem Laster, zum Kampf gerüstet, gegenüber tritt. Ja, wenn man, auf irgend einem Platze der Welt, etwa einer wüsten Insel, Alles was die Erde an Bösewichtern hat, zusammenbrächte: so würde sich nur ein Thor darüber wundern können, wenn er, in kurzer Zeit, alle, auch die erhabensten und göttlichsten, Tugenden unter ihnen anträfe.

Wer dies für paradox halten könnte, der besuche nur einmal ein Zuchthaus oder eine Festung. In den von Frevlern aller Art, oft bis zum Sticken angefüllten Kasematten, werden, weil keine Strafe mehr, oder doch nur sehr unvollkommen, bis hierher bringt, Ruchlosigkeiten, die kein Name nennt, verübt. Demnach würde, in solcher Anarchie, Mord und Todtschlag und zuletzt der Untergang Aller die unvermeidliche Folge sein, wenn nicht auf der Stelle, aus ihrer Mitte, welche aufträten, die auf Recht und Sitte halten. Ja, oft setzt sie der Commendant selbst ein; und Menschen, die vorher aufsäßig waren gegen alle göttliche und menschliche Ordnung, werden hier, in erstaunenswürdiger Wendung der Dinge, wieder die öffentlichen geheiligten Handhaber derselben, wahre Staatsdiener der guten Sache, bekleidet mit der Macht, ihr Gesetz aufrecht zu erhalten.

Daher kann die Welt mit Recht auf die Entwickelung der Verbrecher-Kolonie in Botany-Bay aufmerksam sein. Was aus solchem, dem Boden eines Staats abgeschlämmten Gesindel werden kann, liegt bereits in den nordamerikanischen Freistaaten vor Augen; und um uns auf den Gipfel unserer metaphysischen Ansicht zu schwingen, erinnern wir den Leser bloß an den Ursprung, die Geschichte, an die Entwickelung und Größe Roms.

In Erwägung nun¹)

1) daß alle Sittenschulen bisher nur auf den Nachahmungstrieb gegründet waren, und statt das gute Princip, auf eigenthümliche Weise im Herzen zu entwickeln, nur durch Aufstellung sogenannter guter Beispiele zu wirken suchten; ²)

2) daß diese Schulen, wie die Erfahrung lehrt, nichts eben, für den Fortschritt der Menschheit Bedeutendes und Erkleckliches hervorgebracht haben; ³)

das Gute aber 3) das sie bewirkt haben, allein von dem Umstand herzurühren scheint, daß sie schlecht waren, und hin und wieder, gegen die Verabredung, einige schlechten Beispiele mitunter liefen;

in Erwägung, sagen wir, aller dieser Umstände, sind wir gesonnen, eine sogenannte Lasterschule, oder vielmehr eine gegensätzische Schule, eine Schule durch Laster, zu errichten.⁴)

---

¹) Jetzt rückt dieser merkwürdige Pädagog mit seinem neuesten Erziehungsplan heraus. (Die Redaction.)

²) So! — Als ob die pädagogischen Institute nicht, nach ihrer natürlichen Anlage, schwache Seiten genug darböten.
(Die Redaction.)

³) In der That! — Dieser Philosoph könnte das Jahrhundert um seinen ganzen Ruhm bringen. (Die Redaction.)

⁴) Risum teneatis, amici! (Die Redaction.)

Demnach werden für alle, einander entgegenstehende Laster, Lehrer angestellt werden, die in bestimmten Stunden des Tages, nach der Reihe, auf planmäßige Art, darin Unterricht ertheilen; in der Religionsspötterei sowohl als in der Bigotterie, im Trotz sowohl als in der Wegwerfung und Kriecherei, und im Geiz und in der Furchtsamkeit sowohl, als in der Tollkühnheit und in der Verschwendung.

Diese Lehrer werden nicht bloß durch Ermahnungen, sondern durch Beispiele, durch lebendige Handlung, durch unmittelbaren praktischen, geselligen Umgang und Verkehr zu wirken suchen.

Für Eigennutz, Plattheit, Geringschätzung alles Großen und Erhabenen und manche anderen Untugenden, die man in Gesellschaften und auf der Straße lernen kann, wird es nicht nöthig sein, Lehrer anzustellen.

In der Unreinlichkeit und Unordnung, in der Zank- und Streitsucht und Verläumbung wird meine Frau Unterricht ertheilen.

Lüderlichkeit, Spiel, Trunk, Faulheit und Völlerei, behalte ich mir bevor.

Der Preis ist der sehr mäßige von 300 Rthl.

N. S.

Eltern, die uns ihre Kinder nicht anvertrauen wollten, aus Furcht, sie in solcher Anstalt, auf unvermeidliche Weise, verderben zu sehen, würden dadurch an den Tag legen, daß sie ganz übertriebene Begriffe von der Macht der Erziehung haben. Die Welt, die ganze Masse von Objecten, die auf die Sinne wirken, hält und regiert, an tausend und wieder tausend Fäden, das junge, die Erde begrüßende, Kind. Von diesen Fäden, ihm um die Seele gelegt, ist allerdings die Erziehung Einer, und sogar der wichtigste und stärkste; verglichen aber mit der ganzen Totalität, mit der ganzen Zusammenfassung der übrigen, verhält er sich wie ein Zwirnsfaden zu einem Ankertau, eher drüber als drunter.

Und in der That, wie mißlich würde es mit der Sittlichkeit aussehen, wenn sie kein tieferes Fundament hätte, als das sogenannte gute Beispiel eines Vaters oder einer Mutter, und die platten Ermahnungen eines Hofmeisters oder einer französischen Mamsell. — Aber das Kind ist kein Wachs, daß sich in eines Menschen Händen, zu einer beliebigen Gestalt kneten läßt: es lebt, es ist frei, es trägt ein unabhängiges und eigenthümliches Vermögen der Entwickelung, und das Muster aller innerlichen Gestaltung, in sich.

Ja, gesetzt, eine Mutter nähme sich vor, ein Kind, das sie an ihrer Brust trägt, von Grund aus zu verderben: so würde sich ihr auf der Welt dazu kein unfehlbares Mittel darbieten, und, wenn das Kind nur sonst von gewöhnlichen, rechtschaffenen Anlagen ist, das Unternehmen, vielleicht auf die sonderbarste und überraschendste Art, daran scheitern.

Was sollte auch, in der That, aus der Welt werden, wenn den Eltern ein unfehlbares Vermögen beiwohnte, ihre Kinder nach Grundsätzen, zu welchen sie die Muster sind, zu erziehen: da die Menschheit, wie bekannt, fortschreiten soll, und es mithin, selbst dann, wenn an ihnen nichts auszusetzen wäre, nicht genug ist, daß die Kinder werden, wie sie; sondern besser.

Wenn demnach die uralte Erziehung, die uns die Väter, in ihrer Einfalt, überliefert haben, an den Nagel gehängt werben soll: so ist kein Grund, warum unser Institut nicht, mit allen andern, die die pädagogische Erfindung, in unsern Tagen, auf die Bahn gebracht hat, in die Schranken treten soll. In unsrer Schule wird, wie in diesen, gegen je Einen, der darin zu Grunde geht, sich ein andrer finden, in dem sich Tugend und Sittlichkeit auf gar robuste und tüchtige Art entwickelt; es wird Alles in der Welt bleiben, wie es ist, und was die Erfahrung von Pestalozzi und Zeller und allen andern Virtuosen der neuesten Erziehungskunst, und ihren Anstalten sagt, das wird sie auch von uns und der unsrigen sagen: „Hilft es nichts, so schadet es nichts."

Rechtenfleck im Holsteinischen,   C. J. Levanus,
den 15. Oct. 1810.   Conrector.

2. **Nützliche Erfindungen. Entwurf einer Bombenpost.**
(12. October.)

Man hat, in diesen Tagen, zur Beförderung des Verkehrs, innerhalb der Gränzen der vier Welttheile, einen elektrischen Telegraphen erfunden; einen Telegraphen, der mit der Schnelligkeit des Gedankens, ich will sagen, in kürzerer Zeit, als irgend ein chronometrisches Instrument angeben kann, vermittelst des Elektrophors und des Metalldraths, Nachrichten mittheilt, dergestalt, daß wenn jemand, falls nur sonst die Vorrichtung dazu getroffen wäre, einen guten Freund, den er unter den Antipoden hätte, fragen wollte: wie geht's dir? derselbe, ehe man noch eine Hand umkehrt, ohngefähr so, als ob er in einem und demselben Zimmer stünde, antworten könnte: recht gut. So gern wir dem Erfinder dieser

Post, die, auf recht eigentliche Weise, auf Flügeln des Blitzes reitet, die Krone des Verdienstes zugestehn, so hat doch auch diese Fernschreibekunst noch die Unvollkommenheit, daß sie nur, dem Interesse des Kaufmanns wenig ersprießlich, zur Versendung ganz kurzer und lakonischer Nachrichten, nicht aber zur Uebermachung von Briefen, Berichten, Beilagen und Packeten taugt. Demnach schlagen wir, um auch diese Lücke zu erfüllen, zur Beschleunigung und Vervielfachung der Handels-Communikationen, wenigstens innerhalb der Gränzen der cultivirten Welt, eine Wurf- oder Bombenpost vor; ein Institut, das sich auf zweckmäßig, innerhalb des Raums einer Schußweite, angelegten Artillerie-Stationen, aus Mörsern oder Haubitzen, hohle, statt des Pulvers, mit Briefen und Paketen angefüllte Kugeln, die man ohne alle Schwierigkeit, mit den Augen verfolgen, und wo sie hinfallen, falls es ein Morastgrund ist, wieder auffinden kann, zuwürfe; dergestalt, daß die Kugel, auf jeder Station zuvörderst eröffnet, die respektiven Briefe für jeden Ort herausgenommen, die neuen hineingelegt, das Ganze wieder verschlossen, in einen neuen Mörser geladen, und zur nächsten Station weiter spedirt werden könnte. Den Prospectus des Ganzen und die Beschreibung und Auseinandersetzung der Anlagen und Kosten behalten wir einer umständlicheren und weitläufigeren Abhandlung bevor. Da man auf diese Weise, wie eine kurze mathematische Berechnung lehrt, binnen Zeit eines halben Tages, gegen geringe Kosten von Berlin nach Stettin oder Breslau würde schreiben oder respondiren können, und mithin, verglichen mit unseren reitenden Posten, ein zehnfacher Zeitgewinn entsteht, oder es eben soviel ist, als ob ein

Zauberstab diese Orte der Stadt Berlin zehnmal näher gerückt hätte: so glauben wir für das bürgerliche sowohl als handeltreibende Publicum, eine Erfindung von dem größesten und entscheidendsten Gewicht, geschickt, den Verkehr auf den höchsten Gipfel der Vollkommenheit zu treiben, an den Tag gelegt zu haben.

Berlin d. 10. Oct. 1810. *rmz.*

3. Schreiben aus Berlin.
(15. October.)
10 Uhr Morgens.

Der Wachstuchfabrikant Hr. Claudius will, zur Feier des Geburtstages Sr. Königl. Hoheit, des Kronprinzen, heute um 11 Uhr mit dem Ballon des Prof. J.[1] in die Luft gehen, und denselben, vermittelst einer Maschine, unabhängig vom Wind, nach einer bestimmten Richtung hinbewegen. Dies Unternehmen scheint befremdend, da die Kunst, den Ballon, auf ganz leichte und naturgemäße Weise, ohne alle Maschinerie, zu bewegen, schon erfunden ist. Denn da in der Luft alle nur mögliche Strömungen (Winde) übereinander liegen: so braucht der Aëronaut nur, vermittelst perpendikularer Bewegungen, den Luftstrom aufzusuchen, der ihn nach seinem Ziele führt: ein Versuch, der bereits mit vollkommnem Glück, in Paris, von Hrn. Garnerin, angestellt worden ist.

Gleichwohl scheint dieser Mann, der während mehrerer Jahre im Stillen dieser Erfindung nachgedacht hat, einer besondern Aufmerksamkeit nicht unwerth zu sein. Einen Gelehrten, mit dem er sich kürzlich in Gesellschaft befand, soll er gefragt haben: ob er ihm wohl sagen könne, in wieviel Zeit eine Wolke, die eben an dem Horizont heraufzog, im Zenith der Stadt sein würde? Auf die Antwort des Gelehrten: „daß seine Kenntniß so weit nicht reiche," soll er eine Uhr auf den Tisch gelegt haben, und die Wolke genau, in der von ihm bestimmten Zeit, im Zenith der Stadt gewesen sein. Auch soll derselbe, bei der letzten Luftfahrt des Professor J. im Voraus nach Werneuchen gefahren, und die Leute daselbst versammelt haben: indem er aus seiner Kenntniß der Atmosphäre mit Gewißheit folgerte, daß der Ballon diese Richtung nehmen, und der Professor J. in der Gegend dieser Stadt niederkommen müsse.

Wie nun der Versuch, den er heute, gestützt auf diese Kenntniß, unternehmen will, ausfallen wird: das soll in Zeit von einer Stunde entschieden sein. Hr. Claudius will nicht nur bei seiner Abfahrt, den Ort, wo er niederkommen will, in gedruckten Zetteln bekannt machen: es heißt sogar, daß er schon Briefe an diesem Ort habe abgeben lassen, um daselbst seine Ankunft anzumelden. — Der Tag ist in der That, gegen alle Erwartung, seiner Vorherbestimmung gemäß, ausnehmend schön.

N. S. 2 Uhr Nachmittags.

Hr. Claudius hatte beim Eingang in den Schützenplatz Zettel austheilen lassen, auf welchen er, längs der Potsdammer Chaussee, nach dem Luckenwaldschen Kreis zu gehen, und in einer Stunde vier Meilen zurückzulegen versprach. Der Wind war aber gegen 12 Uhr so mächtig geworden, daß er noch um 2 Uhr mit der Füllung des Ballons nicht fertig war; und es verbreitete sich das Gerücht, daß er vor 4 Uhr nicht in die Luft gehen würde.

4. Aëronautik.
S. Haude u. Spenersche Zeitung, den 25. Oft. 1810.[1]
(29. 30. October.)

Der, gegen die Abendblätter gerichtete, Artikel der Haude und Spenerschen Zeitung, über die angebliche Direction der Luftbälle ist mit soviel Einsicht, Ernst und Würdigkeit abgefaßt, daß wir geneigt sind zu glauben, die Wendung am Schluß, die zu dem Ganzen wenig paßt, beruhe auf einem bloßen Mißverständniß.

Demnach dient dem unbekannten Hrn. Verfasser hiemit auf seine, in Anregung gebrachten Einwürfe zur freundschaftlichen Antwort:

1) daß wenn das Abendblatt, des beschränkten Raums wegen, den unverklausulirten Satz aufgestellt hat: die Direction der Luftbälle sei erfunden; dasselbe damit keineswegs hat sagen wollen: es sei an dieser Erfindung nichts mehr hinzuzusetzen; sondern bloß: das Gesetz einer solchen Kunst sei gefunden, und es sei, nach dem, was in Paris vorgefallen, nicht mehr zweckmäßig, in dem Bau einer, mit dem Luftball verbundenen, Maschiene eine Kraft zu suchen, die in dem Luftball selbst, und in dem Element, das ihn trägt, vorhanden ist.

2) Daß die Behauptung, in der Luft seien Strömungen der vielfachsten und mannigfaltigsten Art enthalten, wenig Befremdendes und Außerordentliches in sich faßt, indem unseres Wissens, nach den Aufschlüssen der neuesten Naturwissenschaft, eine der Haupturfachen des Windes, chemische Zersetzung oder Entwickelung beträchtlicher Luftmassen ist. Diese Zersetzung oder Entwickelung der Luftmassen aber muß,

wie eine ganz geringe Einbildung lehrt, ein concentrisches oder excentrisches, in allen seinen Richtungen diametral entgegengesetztes, Strömen der in der Nähe befindlichen Luftmassen veranlassen; dergestalt, daß an Tagen, wo dieser chemische Prozeß im Lufttraum häufig vor sich geht, gewiß über einem gegebenen, nicht allzubeträchtlichen Kreis der Erdoberfläche, wenn nicht alle, doch so viele Strömungen, als der Luftfahrer, um die willkührliche Direction darauf zu gründen, braucht, vorhanden sein mögen.

3) Daß der Luftballon des Hrn. Claudius selbst (in sofern ein einzelner Fall hier in Erwägung gezogen zu werden verdient) zu dieser Behauptung gewissermaßen den Beleg abgiebt, indem ohne Zweifel als derselbe ½,5 Uhr durchaus westlich in der Richtung nach Spandau und Stendal aufstieg, niemand geahndet hat, daß er, innerhalb zwei Stunden, durchaus südlich, zu Düben in Sachsen niederkommen würde.

4) Daß die Kunst, den Ballon vertical zu dirigiren, noch einer großen Entwickelung und Ausbildung bedarf, und derselbe auch wohl, ohne eben große Schwierigkeiten, fähig ist, indem man ohne Zweifel durch Veränderung nicht bloß des absoluten, sondern auch specifischen Gewichts (vermittelst der Wärme und der Expansion) wird steigen und fallen und somit den Luftstrom mit größerer Leichtigkeit wird aufsuchen lernen, dessen man, zu einer bestimmten Reise, bedarf.

5) Daß Hr. Claudius zwar wenig gethan hat, die Aufmerksamkeit des Publikums, die er auf sich gezogen hat, zu rechtfertigen; daß wir aber gleichwohl dahingestellt sein lassen, in wiefern derselbe, nach dem Gespräche der Stadt, in der Kunst, von der Erdoberfläche aus die Luftströmungen in den

höheren Regionen zu beurtheilen, erfahren sein mag: indem aus der Richtung, die sein Ballon anfänglich westwärts gegen Spandau und späterhin südwärts gegen Düben nahm, mit sonderbarer Wahrscheinlichkeit hervor zu gehen scheint, daß er, wenn er aufgestiegen wäre, sein Versprechen erfüllt haben, und vermittelst seiner mechanischen Einwirkung, in der Diagonale zwischen beiden Richtungen, über der Potsdammer Chaussee, nach dem Luckenwaldischen Kreise, fortgeschwommen sein würde.

6) Daß wenn gleich das Unternehmen vermittelst einer, im Luftball angebrachten Maschiene, den Widerstand ganz contrairer Winde aufzuheben, unübersteiglichen Schwierigkeiten unterworfen ist, es doch vielleicht bei Winden von geringerer Ungünstigkeit möglich sein dürfte, den Sinus der Ungünstigkeit, vermittelst mechanischer Kräfte, zu überwinden, und somit, dem Seefahrer gleich, auch solche Winde, die nicht genau zu dem vorgeschriebenen Ziel führen, ins Interesse zu ziehen.

Zudem bemerken wir, daß wenn 7) der Luftschifffahrer, aller dieser Hülfsmittel ungeachtet, Tage und Wochen lang auf den Wind, der ihm passend ist, warten müßte, derselbe sich mit dem Seefahrer zu trösten hätte, der auch Wochen, oft Monate lang, auf günstige Winde im Hafen harren muß: wenn er ihn aber gefunden hat, binnen wenigen Stunden damit weiter kommt, als wenn er sich, von Anfang herein, während der ganzen verlornen Zeit, zur Axe oder zu Pferde fortbewegt hätte.

Endlich selbst zugegeben 8) — was wir bei der Möglichkeit, auch selbst in der wolkigsten Nacht, den Polarstern, wenigstens auf Augenblicke, aufzufinden, keinesweges thun —

dem Luftschiffer fehle es schlechthin an Mittel, sich in der Nacht im Luftraum zu orientiren: so halten wir den von dem unbekannten Hrn. R. berechneten Irrthum von 6 Meilen, auf einen Radius von 30 Meilen, für einen sehr mäßigen und erträglichen. Der Aëronaut würde immer noch, wenn x die Zeit ist, die er gebraucht haben würde, um den Radius zur Axe zurückzulegen, in $\frac{x}{3}$ · den Radius und die Sehne zurücklegen können. Wenn er dies, gleichviel aus welchen Gründen, ohne seinen Ballon, nicht wollte, so würde er sich wieder mit dem Seefahrer trösten müssen, der auch oft, widriger Winde wegen, statt in den Hafen einzulaufen, auf der Rhede vor Anker gehen, oder gar in einen andern ganz entlegenen Hafen einlaufen muß, nach dem er gar nicht bei seiner Abreise gewollt hat.

―――――

Was Hr. Garnerin betrift, so werden wir im Stande sein, in Kurzem bestimmtere Facta, als die im 13ten Abendblatt enthalten waren, zur Erwiderung auf die gemachten Einwürfe, beizubringen.   rm.

II. In Versen.

1. Eine Legende nach Hans Sachs.

Gleich und Ungleich.
(3. November.)

Der Herr, als er auf Erden noch einherging,
Kam mit Sanct Peter einst an einen Scheideweg,
Und fragte, unbekannt des Landes,
Das er durchstreifte, einen Bauersknecht,
Der faul, da, wo der Rain sich spaltete, gestreckt
In eines Birnbaums Schatten lag:
Was für ein Weg nach Jericho ihn führe?
Der Kerl, die Männer nicht beachtend,
Verdrießlich, sich zu regen, hob ein Bein,
Zeigt auf ein Haus im Feld', und gähnt' und sprach: da unten!
Zerrt sich die Mütze über's Ohr zurecht,
Kehrt sich, und schnarcht schon wieder ein.
Die Männer drauf, wohin das Bein gewiesen,
Gehn ihre Straße fort; jedoch nicht lange währt's,
Von Menschen leer, wie sie das Haus befinden,
Sind sie im Land' schon wieder irr.
Da steht, im heißen Strahl der Mittagssonne,
Bedeckt von Aehren, eine Magd,

Die schneidet, frisch und wacker, Korn,
Der Schweiß rollt ihr vom Angesicht herab.
Der Herr, nachdem er sich gefällig drob ergangen,
Kehrt also sich mit Freundlichkeit zu ihr:
„Mein Töchterchen gehn wir auch recht,
So wie wir stehn, den Weg nach Jericho?"
Die Magd antwortet flink: „Ei, Herr!
Da seid ihr weit vom Wege irr gegangen;
Dort hinterm Walde liegt der Thurm von Jericho,
Kommt her, ich will den Weg euch zeigen."
Und legt die Sichel weg, und führt, geschickt und emsig,
Durch Aecker, die der Rain durchschneidet,
Die Männer auf die rechte Straße hin,
Zeigt noch, wo schon der Thurm von Jericho erglänzet,
Grüßt sie und eilt zurücke wieder,
Auf daß sie schneid', in Rüstigkeit, und raffe,
Von Schweiß betrieft, im Waizenfelde,
So nach wie vor.
Sanct Peter spricht: „O Meister mein!
Ich bitte dich, um deiner Güte willen,
Du wollest dieser Maid die That der Liebe lohnen,
Und, flink und wacker, wie sie ist,
Ihr einen Mann, flink auch und wacker, schenken."
„Die Maid, versetzt der Herr voll Ernst,
Die soll den faulen Schelmen nehmen,
Den wir am Scheideweg im Birnbaumsschatten trafen;
Also beschloß ich's gleich im Herzen,
Als ich im Waizenfeld sie sah."
Sanct Peter spricht: „Nein Herr, das wolle Gott verhüten.

Das wär' ja ewig Schad' um sie,
Müßt' all' ihr Schweiß und Müh' verloren gehn.
Laß einen Mann, ihr ähnlicher, sie finden,
Auf daß sich, wie sie wünscht, hoch bis zum Giebel ihr
Der Reichthum in der Tenne fülle."
Der Herr antwortet, mild den Sanctus strafend:
„O Petre, das verstehst du nicht.
Der Schelm, der kann doch nicht zur Höllen fahren.
Die Maid auch, frischen Lebens voll,
Die könnte leicht zu stolz und üppig werden.
Drum, wo die Schwinge sich ihr allzuflüchtig regt,
Henk' ich ihr ein Gewichtlein an,
Auf daß sie's beide im Maaße treffen,
Und fröhlich, wenn es ruft, hinkommen, er wie sie,
Wo ich sie Alle gern versammeln möchte.

2. Eine Legende nach Hans Sachs.

Der Welt Lauf.
(8. December.)

Der Herr und Petrus oft, in ihrer Liebe beide,
Begegneten im Streite sich,
Wenn von der Menschen Heil die Rede war;
Und dieser nannte zwar die Gnade Gottes groß,
Doch wär' er Herr der Welt, meint er,
Würd' er sich ihrer mehr erbarmen.
Da trat, zu einer Zeit, als längst, in beider Herzen,
Der Streit vergessen schien, und just,
Um welcher Ursach weiß ich nicht,
Der Himmel oben auch voll Wolken hieng,
Der Sanctus mißgestimmt, den Heiland an, und sprach:
„Herr, laß, auf eine Handvoll Zeit,
Mich, aus dem Himmelreich, auf Erden niederfahren,
Daß ich des Unmuths, der mich griff,
Vergeß' und mich einmal, von Sorgen frei, ergötze,
Weil es jetzt grab' vor Fastnacht ist."
Der Herr, des Streits noch sinnig eingedenk,
Spricht: „Gut; acht Tag' geb' ich dir Zeit,
Der Feier, die mir dort beginnt, dich beizumischen;

Jedoch, so bald das Fest vorbei,
Kommst du mir zu gesetzter Stunde wieder.
Acht volle Tage doch, zwei Wochen schon, und mehr,
Ein abgezählter Mond vergeht,
Bevor der Sanct zum Himmel wiederkehrt.
„Ei, Petre," spricht der Herr, „wo weiltest du so lange?
Gefiel's auch nieden dir so wohl?"
Der Sanctus, mit noch schwerem Kopfe, spricht:
„Ach, Herr! Das war ein Jubel unten —!
Der Himmel selbst beseeliget nicht besser.
Die Erndte, reich, du weißt, wie keine je gewesen,
Gab alles was das Herz nur wünscht,
Getraide, weiß und süß, Most, sag' ich dir, wie Honig,
Fleisch fett, dem Speck gleich, von der Brust des Rindes;
Kurz, von der Erde jeglichem Erzeugniß
Zum Brechen alle Tafeln voll.
Da ließ ich's, schier, zu wohl mir sein,
Und hätte bald des Himmels gar vergessen."
Der Herr erwiedert: „Gut! Doch Petre sag' mir an,
Bei soviel Seegen, den ich ausgeschüttet,
Hat man auch dankbar mein gedacht?
Sahst du die Kirchen auch von Menschen voll?" —
Der Sanct, bestürzt hierauf, nachdem er sich besonnen:
„O Herr," spricht er, „bei meiner Liebe,
Den ganzen Fastmond durch, wo ich mich hingewendet,
Nicht deinen Namen hört' ich nennen.
Ein einz'ger Mann saß murmelnd in der Kirche:
Der aber war ein Wucherer,
Und hatte Korn, im Herbst erstanden,

Für Mäus' und Ratzen hungrig aufgeschüttet." —
"Wohlan denn," spricht der Herr, und läßt die Rede fallen,
"Petre, so geh; und künft'ges Jahr
Kannst du die Fastnacht wiederum besuchen."
Doch diesmal war das Fest kaum eingeläutet,
Da kömmt der Sanctus schleichend schon zurück.
Der Herr begegnet ihm am Himmelsthor und ruft:
"Ei, Petre! Sieh! Warum so traurig?
Hat's dir auf Erden denn danieden nicht gefallen?"
"Ach, Herr," versetzt der Sanct, "seit ich sie nicht gesehn,
Hat sich die Erde ganz verändert.
Da ist's kurzweilig nicht mehr, wie vordem,
Rings sieht das Auge nichts, als Noth und Jammer.
Die Erndte, ascheweiß versengt auf allen Feldern,
Gab für den Hunger nicht, um Brod zu backen,
Viel wen'ger Kuchen, für die Lust, und Stritzeln.
Und weil der Herbstwind früh der Berge Hang durchreift,
War auch an Wein und Most nicht zu gedenken.
Da dacht ich: was auch sollst du hier?
Und kehrt ins Himmelreich nur wieder heim." —
"So!" spricht der Herr. "Fürwahr! das thut mir leid!
Doch, sag' mir an: gedacht' man mein?"
"Herr, ob man dein gedacht? — Die Wahrheit dir zu sagen,
Als ich durch eine Hauptstadt kam,
Fand ich, zur Zeit der Mitternacht,
Vom Altarkerzenglanz, durch die Portäle strahlend,
Dir alle Märkt' und Straßen hell;
Die Glöckner zogen, daß die Stränge rissen;
Hoch an den Säulen hiengen Knaben,

Und hielten ihre Mützen in der Hand.
Kein Mensch, versichr' ich dich, im Weichbild rings zu sehn,
Als Einer nur, der eine Schaar
Lastträger keuchend von dem Hafen führte:
Der aber war ein Wucherer,
Und häufte Korn auf lächelnd, fern erkauft,
Um von des Landes Hunger sich zu mästen."
„Nun denn, o Petre," spricht der Herr,
Erschaust du jetzo doch den Lauf der Welt!
Jetzt siehst du doch was du jüngsthin nicht glauben wolltest,
Daß Güter nicht das Gut des Menschen sind;
Daß mir ihr Heil am Herzen liegt wie dir:
Und daß ich, wenn ich sie mit Noth zuweilen plage,
Mich, meiner Liebe treu und meiner Sendung,
Nur ihrer höh'ren Noth erbarme.

3. Epigramme.

1. Auf einen Denuncianten.
(Räthsel.)
(12. October.)

Als Kalb begann er; ganz gewiß
Vollendet er als Stier — des Phalaris. *st.*

2. Wer ist der Aermste?
(24. October.)

„Gelb!" rief, „mein edelster Herr!" ein Armer. Der Reiche
versetzte:
„Lümmel, was gäb' ich darum, wär ich so hungrig als er!"

3. Der witzige Tischgesellschafter.

Treffend, durchgängig ein Blitz, voll Scharfsinn, sind seine
Repliken:
Wo? An der Tafel? Vergieb! Wenn er's zu Hause bedenkt. *xp.*

4. An die Verfasser schlechter Epigramme.
(30. October.)

Des Satyrs Geißel schmerzt von Rosenstrauch am meisten;
Wer nur den Knieriem führt, der bleibe ja beim Leisten. *st.*

5. Nothwehr.
(31. October.)

Wahrheit gegen den Feind? Vergieb mir! Ich lege zuweilen
Seine Bind um den Hals, um in sein Lager zu gehn. *xp.*

Anmerkungen.

Einleitung.

1. Das letzte Lied; H. v. Kleist gesammelte Schriften III, 378, der zweiten Ausgabe von Tieck und J. Schmidt.
2. So schrieb Kleist an Zschokke; s. E. v. Bülow H. v. Kleists Leben und Briefe S. 27.
3. Die umfassendste Sammlung von Briefen Kleists sind die an seine Schwester Ulrike gerichteten, 57 an der Zahl, aus den Jahren 1795 bis zum Augenblick seines Todes, nebst einem an Pannwitz aus dem Jahre 1802, von Koberstein 1860 herausgegeben; 23 Briefe aus der Zeit von 1799 bis 1811 an seinen Lehrer, seine Braut, deren Schwester, seinen Freund Rühle und Fouqué, gab Bülow heraus; 6 Brieffragmente von 1807 bis 1811 Tieck in der Einleitung zu Kleists Schriften; ein Brief von 1809 an H. v. Collin steht in Hoffmanns Findlingen I, 320, ein von Bülow nicht gekannter von 1811 an Fouqué, in den Briefen an F. Baron de la Motte Fouqué, herausgegeben von H. Klette I, 223; 6 aus den Jahren 1810 und 1811 an F. v. Raumer in dessen Lebenserinnerungen und Briefwechsel I, 229. Anekdotenhaft ist was Pegulhen von Kleist erzählt in der Sammlung Berühmte Schriftsteller der Deutschen Berlin 1854 I, 309; die Denkschrift desselben über Kleists Tod, die dem Staatskanzler vorlag aber nicht erscheinen durfte, scheint verloren. Umfassende Charakteristiken Kleists sind neuerdings gegeben worden in den Preußischen Jahrbüchern II, 599, 1858, und von J. Schmidt in seiner Einleitung zu den gesammelten Schriften Kleists, 1859; Nachträge dazu von Koberstein in der Einleitung zu Kleists Briefen an seine Schwester.

4. Tieck's Ausgabe von 1826 I, S. XX.
5. S. X Vorrede.
6. In der Inhaltsanzeige des Februarheftes. Dadurch widerlegt sich Bülows Angabe S. 44 eine Novelle der Madame de Gomez habe dem Dichter den Stoff in Paris geliefert. Sucht man in einer fremden Litteratur nach einer Parallele zu dieser Geschichte, so könnte man auch an Cervantes' de la fuerça de la sangre erinnern, wo ähnliche Verhältnisse freilich maßvoller dargestellt werden.
7. Eine quellengemäße geschichtliche Darstellung der Kohlhasischen Händel hat Klöden gegeben in Gropius' Beiträge zur Geschichte Berlins, Berlin 1840 S. 61 ff. Wenn er im Vorwort sagt, zu Kleists Erzählung habe die Geschichte nichts als einige Namen beigesteuert, so ist dagegen zu bemerken, daß nicht die wesentlichen Thatsachen, sondern gerade die Namen unhistorisch sind; denn der Junker hieß Günther von Zaschwitz auf Melaun bei Düben. Man möchte doch vermuthen, nicht Pfuels Erzählung, sondern irgend einem älteren Buche habe Kleist den Stoff entlehnt, vielleicht dem von B. Menz, Kurze Erzehlung vom Vrsprung vnd Hehrkommen der Chur vnnd Fürstlichen Stämmen, Sachsen, Brandenburg, Anhalt vnd Lawenburg, Wittenberg 1597, das Klöden außer Hafftiz besonders benutzt hat.
8. III, 71.
9. III, 48.
10. III, 124.
11. Ich führe einige Beweisstellen für die im Text hervorgehobenen Lieblingsworte Kleists an: „dergestalt daß" Kohlhaas III, 39, 47, 57, 75, 104, 109, 114; das Erdbeben in Chili S. 164; die Verlobung in St. Domingo S. 188; das Bettelweib von Locarno S. 224, 225, 226; die heilige Caecilie S. 249, 250; der Zweikampf S. 272, 273; Käthchen von Heilbronn II, 132. „Gleichwohl": Kohlhaas III, 22, 35, 63, 75, 102, 109; Marquise v. O. S. 151; Findling 235; die heilige Caecilie 252; Käthchen von Heilbronn I, 123, 125, 130; die Hermannsschlacht 397; der Prinz v. Homburg 325, 345; Amphitryon I, 374, 375. „Nicht sobald — als": Kohlhaas III, 34, 39, 58. „Falls": Kohlhaas III, 27, 64, 77, 94. „Gleichviel": Kohlhaas III, 57, 60, 79; Marquise v. O. 153; die heilige Caecilie 251; der Zweikampf 286; Prinz v. Homburg II, 279, 281, 315, 320, 323, 327, 331; die Hermannsschlacht 509;

Amphitryon I, 417. „Inzwischen": Kohlhaas III, 34, 43, 77, 98, 106, 111; Marquise v. O. 124, 125; der Zweikampf 266, 287.
12. Penthesilea I, 201, 224; die Hermannsschlacht II, 383; an Franz den Ersten III, 374.
13. Akt III. Sc. 1. II, 188.
14. Käthchen v. Heilbronn A. V. S. 1. II, 248; die Hermannsschlacht A. II, S. 1. II, 402; III, 379.
15. III, 376, 377, 372.
16. A. III, S. 6. II, 443.
17. Kleist an seine Schwester 17. Sept. 1807 und die folgenden Briefe S. 129 ff. 144. Adam Müller an Genz 6. Febr. 1808, Briefwechsel S. 126.
18. Kleists ges. Schriften I, S. XX.
19. Bülow S. XI.
20. Brief an seine Schwester o. D. S. 157.
21. Phöbus I, 39.
22. Hans Sachs Worte I, 189 der Kemptener Ausgabe, wo sich indeß nur die Legende der Welt Lauf findet. Es scheint Kleist hat seine Originale nicht sowohl in einer Gesammtausgabe der Werke von Hans Sachs als in einem Einzeldruck gelesen; in einem solchen, wovon ein Exemplar im Besitz des Herrn W. v. Maltzahn ist, finden sich neben zwei andern Erzählungen gerade die beiden von Kleist nachgedichteten; es ist: Das erst Gespräch, Von der Welt lauff; und das britt Gespräch, von eim | faulen Bawrenknecht, vnd einer endlichen Bauren Maidt. | Der Haupttitel lautet: Vier schöne Gesprech zwischen | Sanct Peter vnd dem Herren, | sehr nützlich zu lesen, vnd | zu hören — Hanß Sachs. Getruckt zu Nürnberg durch Valentin Newber kl. 8. 16 Bll.
23. S. die Briefe an seine Schwester o. D. und von 1799, 1801 S. 5, 20, 49, 51; an seine Braut 1801, Bülow S. 145; 1806 S. 243.
24. Briefe von 1801, Bülow S. 226, 210, 204, 27; Koberstein S. 46, 50. Katechismus der Deutschen 8. I, 1, 7; von der Ueberlegung I, 2, 5.
25. Brieffragment bei Bülow S. 66; 1801 S. 207, 227; 1803 Koberstein S. 90.
26. 1801, 1803 Koberstein S. 45, 90.
27. Briefe an seine Schwester S. 110, 145.

28. Hermannsschlacht A. I, S. 3. I, 1; II, 394, 386, 391, 484, 444; III, 3, 6.
29. Kleists Wort über die Thusnelda zu Dahlmann in I. Schmidts Einleitung S. XCV; (v. Vassewitz) die Kurmark Brandenburg während der Zeit von 1806 bis 1808 II, 709; v. Höpfner der Krieg von 1806 und 1807 II, 326, 332.
30. Lehrbuch der Journalistik 4, 8. Die Worte des Grafen Schlabrendorff hat Jochmann aufbewahrt, Reliquien, herausgegeben von Zschokke, I, 135.
31. Hermannsschlacht A. I, 3, 10, 4, 9; II, 397, 399, 456, 467. Hoffmann Findlinge I, 320.
32. Häusser deutsche Geschichte III, 151, 183, 439. Europas Palingenesie Leipzig 1810 I, 147, 149.
33. Hermannsschlacht V. 24, 14. II, 519, 499; Prinz von Homburg IV, 1. S. 340.

I, 1, 1.

1. Wahrscheinlich dachte sich Kleist unter dem rheinbündischen Officier einen sächsischen, denn kaum ein anderer hätte im Sommer 1806 mit einem preußischen Officier in Berlin ein patriotisches Convivium halten können, in einer Zeit, wo über ein preußisch-sächsisches Bündniß, als Grundlage des nordischen Reichsbundes unter Preußens Führung, verhandelt wurde. Kurz vor dem Ausbruch des Kriegs kam es bekanntlich zu einer Vereinigung der preußischen und sächsischen Armee. Der König, der durch Ablehnung des Kreuzes der Ehrenlegion nicht kompromittirt werden soll, ist also der König von Sachsen, der diesen Titel seit dem Posener Vertrage 11. Dec. 1806 führte.
2. Eine in Berlin noch jetzt bestehende bekannte Weinhandlung, in der Kleist viel verkehrt haben soll.
3. Davoust, der bei Auerstädt siegte.
4. Die eingeklammerten Worte sind in der Abschrift irrthümlich ausgelassen.
5. Am 9. April 1809 eröffneten die Oesterreicher unter dem Erzherzog Karl den Krieg, indem sie in Baiern einrückten. Zu einem Massenaufstande hatte der Erzherzog in einem undatirten Aufruf an die „Völker Deutschlands" aufgefordert; der in demselben Sinn abge-

faßte Armeebefehl ist vom 6. April. S. Europas Palingenesie I, 147, 152.

6. Das erste Bülletin Napoleons über die einleitenden Gefechte vom 19. bis 23. April ist vom 24. April. S. Europas Palingenesie II, 39. Der gleich darauf erwähnte Montesquiou war Napoleons Kammerherr und zu ähnlichen Sendungen mehrfach gebraucht worden. Kurz vor der Schlacht von Jena war er in preußische Gefangenschaft gerathen.

I, 1, 2.

1. Diese Scenen spielen also während des Krieges von 1806 und 1807, und ihr Schauplatz soll, wie leicht ersichtlich, Potsdam und Berlin sein. In Potsdam war das große Cavalleriedepot der Franzosen; s. (v. Bassewitz) die Kurmark Brandenburg während der Zeit von 1806 bis 1808 I, 266.
2. Aber hat die Handschrift.

I, 1, 3.

1. Dies scheint darauf hinzuweisen, daß Kleist hier etwa die Vorgänge in Stettin im Auge hatte, dessen Uebergabe an eine schwache Abtheilung französischer Cavallerie am 29. Oct. 1806 die Reihe schmachvoller Capitulationen der Hauptfestungen im östlichen Theile der preußischen Lande eröffnete. Dagegen scheint die Niederbrennung der Vorstädte auf Küstrin oder Magdeburg zu deuten. S. v. Höpfner Krieg von 1806 und 1807 II, 326, 332.

I, 1, 4.

1. Den Nürnberger Correspondenten von 1809 habe ich nicht auftreiben können.
2. Am 23. April hatte die französische Armee nach heftigem Kampfe Regensburg genommen. Die Hauptmasse bestand aus Baiern und Würtembergern, denen Napoleon am 30. in einer Anrede, die der Kronprinz von Baiern verdollmetschte, diesmal die ausschließliche Ehre des Kampfs gegen die Oesterreicher zugesprochen hatte; Europas Palingenesie II, 12, 38.
3. Durch den Frieden von Preßburg am 26. December 1805, der auf Oesterreichs Kosten Baiern, Würtemberg und Baden vergrößerte,

den beiden ersten die souveraine Königswürde zusprach, und ein deutsches Reich nicht mehr, sondern nur noch eine conféderation Germanique kannte.
4. Am 26. August 1806.
5. Am 1. November 1806 besetzten die Franzosen Kassel. Vous avez cessé d'exister, sagte Napoleon in seinem 13. Bülletin dem Kurfürsten.
6. Hier ist wohl die entgegenkommende Anerkennung gemeint, die Napoleon als Consul seit Durocs Sendung im November 1799 in Berlin fand, und die Vermittlung, welche Preußen in Folge dessen zwischen ihm und dem Kaiser Paul einzuleiten suchte. — Erst anderthalb Jahr nach dem Tilsiter Frieden, am 5. December 1808, räumten die Franzosen Berlin.
7. Am 6. August 1806.
8. Dazu war man österreichischer Seits doch nicht geneigt, wohl aber wich man einem französischen Bündniß auf Kosten Preußens aus.
9. In Böhmen.
10. Vatter hat die Handschrift.

I, 1, 5.

1. Gewinsel, die Handschrift.
2. Durch Patent vom 9. Juni 1808 wurde die Errichtung einer Landwehr „zur Vertheidigung des vaterländischen Bodens" angeordnet.

I, 1, 6.

1. auch — welchem, die Handschrift.
2. vernommen, die Handschrift.
3. Am 7. Mai 1807 schloß Napoleon ein Bündniß mit dem Schach von Persien, dessen Gesandter zu diesem Zweck nach Elbing kam.

I, 1, 7.

1. Die Volkserhebung in Spanien begann im Mai 1808.
2. Sachsen war dem Rheinbunde im Posener Vertrage beigetreten.
3. Der Rheinbund vom 12. Juli 1806.
4. Hier fehlen zwei Blätter, die den Schluß des vierten, das fünfte, sechste und den Anfang des siebenten Capitels enthielten.
5. Fehlen abermals zwei Blätter, das zehnte, elfte und den Anfang des zwölften Capitels enthaltend.

6. Am 9. April 1809 erhoben sich die Tiroler.
7. Wenn man nicht annehmen will, zwischen diesem und dem folgenden Satze sei durch Schuld des Abschreibers eine Frage und eine Antwort ausgefallen, in denen der erste Grund unmittelbar angegeben wurde, und daß dann erst die nähere Erläuterung folgte, warum er nicht viel einbringen könne, so sind die letzten vier Sätze des Capitels von dunkler Spitzfindigkeit nicht frei zu sprechen. Es würden dann die freiwilligen Beiträge einmal als geringfügig bezeichnet werden, weil sie als Geld und Gut, dem Vaterlande und der Freiheit gegenüber, an sich keinen Werth haben, und doch zugleich als ein einträgliches Mittel, wenn die Menschen es lieber dem gönnen, von dem sie zur Freiheit geführt werden, als den Feinden, die ihnen das Eigenthum mit Gewalt entreißen.
8. Dies scheint ein bitterer Seitenblick auf die zurückhaltende Politik des preußischen Ministeriums, das seit Steins Abgang am 24. Nov. 1808 Dohna, Altenstein und Beyme leiteten. Es ist bekannt, wie sehr Oesterreich schon damals Preußen zum entschiedenen Handeln zu bestimmen suchte, aber auch zugleich, daß Preußen schwerlich stark genug dazu war.

I, 2, 1.

1. In der Schlacht bei Aspern am 21. und 22. Mai 1809.
2. bewußt, die Handschrift. Der Schluß fehlt.

I, 2, 2.

1. Woher dies Citat sei, vermag ich nicht zu sagen.
2. sind fügt die Handschrift überflüssig hinzu.

I, 2, 3.

1. ist fügt die Handschrift hinzu.
2. Die letzten drei Worte wiederholt die Handschrift. In Bülows Abdruck, Kleists Leben und Briefe S. 254, fehlen die Worte: „Alles was sie Vortreffliches fand in sich aufzunehmen gleich" —.
3. Bülow liest für Dienstleistungen Einflüsterungen!
4. Die Worte: „die dem ganzen Menschengeschlecht angehört" fehlen bei Bülow.

I, 5, 2.

1. Jungius, Professor am Friedrich-Wilhelms Gymnasium.

I, 5, 3.

1. Dieser Artikel von einem ungenannten Verfasser brachte eine wissenschaftlich gehaltene Widerlegung der in dem Schreiben aus Berlin I, 5, 2 ausgesprochenen Ansichten Kleists, und schloß mit einem Ausfall gegen die trügerischen Terminologien neuer und unverschämter Lehrer, die sich auf erdichtete Facta stützen.

www.ingramcontent.com/pod-product-compliance
Lightning Source LLC
Chambersburg PA
CBHW031445160426
43195CB00010BB/859